Wie werde Ich IT Freelancer?

Vom Start bis zum Stundensatz

Inhalt

Kapitel 1 — 1

Was ist ein Freelancer? — 1

Kapitel 2 — 12

Wie wird man Freelancer ? — 12

Kapitel 3 — 16

Die beliebtesten freiberuflichen Jobs weltweit — 16

Kapitel 4 — 21

Bauen Sie Ihre Online-Präsenz auf — 21

Kapitel 5 — 39

So berechnet ihr eure Honorare richtig — 39

Kapitel 6 — 44

Vermarkte dein Unternehmen — 44

Kapitel 7 — 51

Networking — 51

Kapitel 8 — 57

Werde ein erfolgreicher Freelancer — 57

Fazit — 61

Bonuskapitel — 62

Impressum — 64

Kapitel 1

Was ist ein Freelancer?

Einleitung

Im Gegensatz zu einem fest angestellten Mitarbeiter ist ein IT-Freelancer / Freiberufler ein Einzelunternehmer, der für gewöhnlich seine Dienste anderen Unternehmen als freier Mitarbeiter zur Verfügung stellt. Die Spezialität des Freelancers ist es, Angebotslücken, die der Markt bietet mit seiner Expertise zu füllen.

Was ist ein Freelancer?

Vereinfacht ausgedrückt ist ein Freiberufler ein Selbständiger, der keinen festen oder unbefristeten Arbeitsvertrag hat. Er arbeitet nach keiner anderen Richtlinie als seiner eigenen. Ein Freiberufler kann sich seine Kunden, seine Aufträge, seine Dienstleister und jeden, mit dem er arbeiten möchte, aussuchen.

Seien Sie vorsichtig, Freiberufler zu sein ist kein Status, das müssen Sie verstehen. Was Sie sich merken müssen, ist, dass Sie ein Freiberufler sind (der auf eigene Rechnung arbeitet), der verschiedene Dienstleistungen anbietet.

Die Gründe dafür, dass ein Unternehmen einen Freelancer beauftragt, statt einen Mitarbeiter einzustellen, können vielfältig sein.

Klassische Gründe für Unternehmen, Freelancer anzuheuern sind zum Beispiel:

- Es sind einfach keine Fachkräfte am Arbeitsmarkt verfügbar, die die nötige Expertise besitzen.
- Das Unternehmen benötigt keinen Vollzeitmitarbeiter für die Aufgabe des Freelancers, oder möchte Belastungsspitzen bei einem Projekt ausgleichen.
- Das Unternehmen möchte flexibel sein und sich an keinen festen Mitarbeiter binden.

- Es wird bewusst ein Externer-Mitarbeiter gesucht, um frischen Wind und neue Prozesse in eine festgefahrene Struktur zu bringen.
- Es soll temporär eine Lücke gefüllt werden, die in absehbarer Zeit wieder von einem eigenen Mitarbeiter gefüllt werden wird.

Als Freelancer bist du bei deiner Arbeit wie der Name schon sagt frei. Du sorgst für selbst für deine eigenen Aufträge, bildest dich selbstständig weiter und bist nicht mit dem Unternehmen des Kunden verbunden.

Das bedeutet auch, dass du als Freelancer nicht weisungsgebunden bist. Natürlich ist es deine Aufgabe, den Wünschen des Kunden Beachtung zu schenken und dafür zu sorgen, dass er mit deiner Leistung zufrieden ist.

Theoretisch handelst du aber immer nach eigenem Ermessen und bestimmst natürlich, wann du welche Aufträge annimmst. Du stehst also in keiner direkten Abhängigkeit.

Ein Freelancer kooperiert oft mit anderen Freelancern. Dieses ist aber keine Voraussetzung. Zudem hat er keine Mitarbeiter, die für Ihn seine Leistungen ausführen. In diesem Falle wäre er ein klassischer IT-Unternehmer, z. B. ein Gewerbetreibender.

Was braucht es, um Freelancer zu werden?

Da du als Freelancer dein eigener Chef und handelst unternehmerisch. Es muss dir also liegen, selbst dinge anzupacken und wenn es nötig ist auch einmal Marketing und Kundenakquise zu betreiben.

Jemand mit einer reinen Angestelltenmentalität, der die volle Verantwortung und Handlungsfreiheit nicht als Geschenk, sondern als Last betrachtet, wird vermutlich nicht weit kommen und wenig Freude an der Selbstständigkeit haben.

Als IT-Freiberufler bist du eine Art "Wissens-Söldner": Du wirst von Unternehmen angeheuert und arbeitest so lange für es, wie du bezahlt wirst, also das Projekt dauert. Du wirst gerne gerufen, wenn es brennt oder die eigenen Kapazitäten im Unternehmen nicht mehr weiterkommen.

Daher bist du, wen du nicht an Projekten arbeitest meistens im Training und verbesserst dein wissen. Du musst diese Zeiten, wie auch die wichtigen Regenerationsphasen und die Aufwendungen für deine Altersvorsorge und schlechte Zeiten mit daher einpreisen. Dieser Umstand sorgt für einen relativ hohen Stundensatz. Allerdings zahlt das Unternehmen keine Arbeitnehmerabgaben oder Urlaubstage für dich, kann mit einer guten Expertise rechnen und hat natürlich den Vorteil einer hohen Flexibilität.

Bezüglich der Expertise musst du natürlich nicht gleich im High-End-Segment starten, sondern kannst deine Fähigkeiten und Reputation langsam aufbauen. Denke immer daran, Experte bist du, wenn du nur etwas mehr als dein Kunde weist und das Projekt souverän umsetzen kannst. Du kannst dich also langsam steigern.

Wieso "Freelancer"? Freelancer ist das neudeutsche Wort für Freiberufler, dass im englisch-affinen IT Umfeld aber eher der Standard ist. Da IT-Freelancer meistens Wissensarbeiter sind, ist es ihnen in der Regel möglich, auch vor dem Finanzamt als Freiberufler zu gelten. Dieses hat einige Vorteile zu Einzelgewerben. Beispielsweise entfällt die Gewerbesteuer und auch sonst sind einige Prozesse vereinfacht.

Was müssen Sie ein erfolgreicher freiberuflicher Unternehmer sein

Um ein erfolgreicher freiberuflicher Unternehmer zu sein, müssen Sie einige wichtige Dinge an Ort und Stelle haben. Zuerst müssen Sie eine starke Arbeitsethik haben und bereit sein, in die langen Stunden, die erforderlich sind, um Ihr Geschäft aus dem Boden zu bekommen. Zweitens müssen Sie organisiert werden und ein gutes System haben, um Ihre Kunden und Projekte zu verfolgen. Schließlich müssen Sie in der Vermarktung Ihres Unternehmens und Netzwerks mit potenziellen Kunden proaktiv sein.

Wenn Sie diese wichtigen Dinge an Ort und Stelle haben, werden Sie auf Ihrem Weg zum Erfolg als freier Unternehmer. Allerdings gibt es ein paar andere Dinge, die Sie tun können, um sich einen zusätzlichen Rand zu geben. Man muss sich auf einen bestimmten Bereich oder eine Industrie spezialisiert haben. Dadurch werden Sie attraktiver für potenzielle Kunden, die nach jemandem mit Ihrer Expertise suchen. Eine andere ist, eine starke Online-Präsenz durch Social Media und Ihre eigene Website aufzubauen. Dies wird

Ihnen helfen, mehr Kunden anzuziehen und Ihren Namen dort als seriöser Freelancer zu erhalten.

Also, wenn Sie bereit sind, Ihr eigenes Freelance-Geschäft zu starten, stellen Sie sicher, dass Sie diese wichtigen Dinge im Sinn haben. Mit harter Arbeit, Hingabe und etwas Glück können Sie auf dem Weg zu einem erfolgreichen Freiberufler sein.

Was sind die größten Herausforderungen, denen Sie als freier Unternehmer begegnen

Als freier Unternehmer stehen Sie vor vielen Herausforderungen, die schwer zu überwinden sind. Eine der größten Herausforderungen ist das Zeitmanagement. Wenn Sie Ihr eigener Chef sind, kann es einfach sein, mit der Arbeit überwältigt zu werden und nicht genug Zeit für sich selbst oder Ihre Familie haben. Es ist wichtig zu lernen, wie Sie Ihre Arbeit und Ihr persönliches Leben ausgleichen können, damit Sie in beiden Bereichen erfolgreich sein können.

Eine andere Herausforderung, die Sie sich stellen können, ist das Marketing selbst. Als Freelancer sind Sie dafür verantwortlich, Ihre eigenen Kunden zu finden

Darüber hinaus müssen Sie auch Ihre Finanzen als Freelancer verwalten können. Dies beinhaltet die Verfolgung Ihres Einkommens und Ihrer Kosten sowie sicherzustellen, dass Sie rechtzeitig von Ihren Kunden bezahlt werden. Dies kann eine schwierige Aufgabe sein, aber es ist wichtig, als Freelancer erfolgreich zu sein.

Insgesamt gibt es viele Herausforderungen, denen Sie als freier Unternehmer begegnen können. Durch das Lernen, wie Sie Ihre Zeit effektiv verwalten, sich selbst vermarkten und Ihr Geschäft finanzieren können, können Sie diese Herausforderungen überwinden und in Ihrer freiberuflichen Karriere erfolgreich sein.

Wie können Sie alle Herausforderungen überwinden, denen Sie als freier Unternehmer begegnen

1. Lassen Sie sich organisieren und planen Sie Ihre Arbeit im Voraus. Dies hilft Ihnen, auf dem Weg zu bleiben und zu vermeiden, überwältigt durch Ihre Arbeitsbelastung.

2. Legen Sie realistische Ziele und Fristen für sich fest

3. Nimm Pausen, wenn du sie brauchst. Dies wird Ihnen helfen, Burnout zu vermeiden und frisch und kreativ zu bleiben.

4. Bleiben Sie positiv und glauben Sie an sich. Dies wird Ihnen helfen, Ihr Vertrauen zu erhalten und Hindernisse zu überwinden, die Ihren Weg kommen.

5. Sucht Unterstützung von Familie und Freunden. Dies hilft Ihnen, motiviert und inspiriert zu bleiben.

6. Finden Sie einen Mentor oder Coach, der Ihnen helfen kann, die Herausforderungen des Seins ein freier Unternehmer zu navigieren.

7. Begleiten Sie eine Community oder Netzwerkgruppe für freiberufliche Unternehmer

8. Seien Sie bereit, hart zu arbeiten und geben Sie nicht auf Ihre Träume. Dies ist der einzige Weg, um Erfolg als freischaffender Unternehmer zu erreichen.

Lebensrettende Fähigkeiten für jeden Freiberufler

Dies sind lebensrettende Fähigkeiten, die Sie erwerben oder entwickeln müssen, wenn Sie Vollzeit-Freiberufler werden möchten.

- **Präsentation und Kommunikation**

Zuerst müssen Sie lernen, sich selbst zu präsentieren, um neue Kunden zu gewinnen. Zweitens müssen Sie Ihre Arbeit präsentieren, wenn sie fertig ist und in der Lage sein, bei Bedarf deren Wert zu belegen.

Präsentation wird ein wesentlicher Bestandteil Ihres freiberuflichen Lebensstils sein. Ausgezeichnete Präsentationsfähigkeiten helfen, neue Kunden zu gewinnen und Zufriedenheit mit der endgültigen Version Ihrer Arbeit zu erreichen.

- **Instruktionen**

Dies betrifft eine Reihe von Anweisungen, die einer Person vor dem Beginn einer Aufgabe erteilt werden. An dieser Stelle ist es wichtig, sofort die richtigen Fragen zu stellen, um alle notwendigen Fakten über die Bedürfnisse und Erwartungen des Kunden zu erhalten. Gute Instruktionen werden Ihnen helfen, Zeit zu sparen und mehrfache Änderungen zu vermeiden, wenn das Projekt „fertig" ist.

Am Anfang gründlich nachfragen und es wird Ihre Arbeit später viel reibungsloser machen.

Besser noch, senden Sie ein kurzes Formular an Ihren Kunden und bitten Sie ihn, alle Felder, die für Ihre Aufgabe nützlich sein könnten, auszufüllen. Auf diese Weise erreichen Sie zwei Ziele: Sie informieren sich ausführlich über die anstehende Aufgabe und Sie beweisen dem Auftraggeber Ihre Professionalität. Alternativ können Sie das Kurzformular während eines Treffens oder Gesprächs mit dem Kunden selbst ausfüllen.

Es wird wahrscheinlich faule Kunden geben, die Ihnen keine detaillierten Antworten geben werden. Halten Sie sich in diesem Fall nicht zurück – bitten Sie sie, diese Fragen zu beantworten. Erklären Sie Ihnen, dass am Ende beide Parteien profitieren werden, da Sie die Aufgabe schneller und besser erledigen können.

- **Zeitmanagement**

Vergessen Sie nicht, dass Ihre Fähigkeiten die Grundlage Ihres Unternehmens sind. Viele neuen Freiberufler haben die falsche Erwartungshaltung, dass Selbstständigkeit leichtverdientes Geld bedeutet, das nur 6 bis 10 Stunden pro Woche in Anspruch nimmt. So wenig es uns gefällt, Ihnen das mitteilen zu müssen, aber: Es wird sicherlich Wochen mit 40, 50 oder sogar 70 Arbeitsstunden geben. Es ist eine große Verantwortung, Ihr eigener Chef zu sein – Sie können am Ende eines 8-Stunden-Arbeitstages nicht einfach nach Hause gehen.

Auf der anderen Seite ist es wichtig zu wissen, wann man eine Grenze ziehen sollte. Viele Freiberufler haben Schwierigkeiten, ein gutes Gleichgewicht zwischen Arbeit und Privatleben zu finden.

Flexible Arbeitszeiten sind gefährlich verlockend – wenn Sie denken, Sie können diesen Auftrag immer noch am Abend, in der Nacht oder am Wochenende erledigen

Vorsicht – früher als später könnten Sie feststellen, dass sich Arbeit und Freizeit bei Ihnen zu einem verschwommenen Ganzen vermischt haben, in dem Sie niemals 100% bei der Arbeit sind und sich nie völlig entspannen.

Wenn Sie Probleme mit Zeitmanagement haben, können Sie versuchen, eine Zeiterfassungssoftware zu verwenden, die Ihnen hilft, diszipliniert zu sein, Ihre Projekte zu verwalten und Ihre Produktivität zu verbessern.

- **Geschäftliche und persönliche Geldverwaltung**

Die meisten Freiberufler trennen ihr berufliches Einkommen nicht von ihrem persönlichen Geld. Wenn sich Ihre freiberuflerischen Aktivitäten jedoch im Laufe der Zeit erweitern, ist es ratsam, zwei separate „Brieftaschen" zu haben. Warum? Erstens kann dieses System Ihnen helfen zu verstehen, wie hoch Ihre Geschäftsausgaben sind. Zweitens werden Sie lernen, wo und wie Sie diese Kosten reduzieren können, was Ihnen wiederum dabei hilft, sich zu entwickeln und zu wachsen. Drittens hilft es Ihnen, Ihre Finanzen intelligent zu verwalten und Einsparungen zu erzielen, um auf die weniger erfolgreichen Monate vorbereitet zu sein.

Eine der besten Methoden, Ihre Finanzen zu trennen, ist das Eröffnen eines Prepaid Nicht-Bank Kontos mit Karte.

So finden Sie Ihren ersten Kunden

Wenn jemand von einem normalen Bürojob zu einer freiberuflichen Tätigkeit wechselt, haben sie normalerweise bereits einen oder zwei Kunden, die ihnen die Sicherheit geben, dass andere folgen werden. Wenn Sie von Grund auf neu anfangen, sollten Sie zunächst Ihr Profil in mehreren der größten Freelancer-Netzwerke veröffentlichen, um neue Kunden zu finden. Dies sind Upwork, Fiverr, Toptal, Elance, Freelancer, 99designs, Demand Media, SimplyHired.

Also, was ist nötig, um den ersten, zweiten und zehnten Kunden zu finden? In erster Linie müssen Sie lernen, Ihre eigenen Fähigkeiten zu verkaufen. Sie werden oft Ihre Befähigung und den Wert, den Ihre Fähigkeiten dem Kunden bringen, beweisen müssen. Keine falsche Bescheidenheit! Zeichnen Sie Ihre wertvollsten Talente auf, arbeiten Sie an Ihrem Portfolio und sorgen Sie für Referenzen von Ihren bisherigen Kunden.

Am wichtigsten ist die Qualität Ihres Produkts oder Ihrer Dienstleistung, aber auch andere Nebenfaktoren sind wichtig. Zum Beispiel werden viele Kunden einen strukturierten und direkten Kommunikationsstil, eine qualitativ hochwertige Website und einen ausgebreiteten Portfolio, eine besondere Art und Weise, wie Sie Ihren Service verpacken (Präsentationen, Design-Dateien usw) zu schätzen wissen. Die besten Kunden werden die zusätzliche Arbeit, die Sie geleistet haben, schätzen und sie werden das Gefühl haben, dass ihr Geld gut angelegt wurde.

Wenn Sie Probleme haben, Kunden zu gewinnen und Sie kein beeindruckendes Portfolio haben, bieten Sie Ihre Dienstleistungen einer begrenzten Gruppe von Menschen kostenlos als Gegenleistung für ihre Referenzen an.

Eine gute Möglichkeit, neue Kunden zu gewinnen, besteht darin, sich den Foren oder Facebook-Gruppen anzuschließen, in denen sich Personen aus Ihrem Fachgebiet zusammenschließen. Aber beginnen Sie nicht in einer aggressiven Weise, sofort Ihre Dienste zu verkaufen, da diese Gruppen normalerweise sensibel auf Spammer reagieren. Stattdessen müssen Sie sich ihren Respekt verdienen – Gespräche führen, Diskussionen beginnen und Wert schaffen. Es wird einige Zeit dauern, aber es wird sich lohnen.

Wahrscheinlich werden Sie nicht sofort einen Gehaltsscheck erhalten. Aber Sie erhalten gutes Feedback und Empfehlungen, die die wahre Währung der digitalen Welt sind. Haben Sie keine Angst davor, ehrliches und manchmal kritisches Feedback zu erhalten – die Wahrheit kann schmerzen, aber dies ist der einzige Weg in Richtung Verbesserung.

Noch einige weitere Tipps, um Ihre Arbeit zu präsentieren und die Aufmerksamkeit auf Ihre Dienste zu lenken:

- Zeigen Sie Ihre Arbeit in sozialen Medien . So einfach ist das. Seien Sie nicht zu schüchtern, Ihre Talente auf spielerische Weise zu zeigen – selbst, wenn sie nur auf Ihrem eigenen Profil oder in einer geschlossenen Gruppe von Freunden veröffentlicht werden.
- Steigen Sie in Unternehmergruppen oder -foren ein. Oft wird Ihre Hilfe hier benötigt und die Teilnehmer würden lieber jemanden bezahlen, den sie bereits kennen.
- Verwenden Sie Fiverr, um Ihren Portfolio schnell zu erweitern. Dies ist eine riesige Freelancer-Plattform, die für ihr gutes Preis-Leistungs-Verhältnis bekannt ist.
- Beantworten Sie Fragen auf Quora. Richten Sie Ihr Profil ein und fügen Sie Links zu Ihrer Freelancer-Seite hinzu, auf der Ihre Fähigkeiten, Ihr Portfolio und Ihre allgemeinen Informationen angegeben sind. Sobald Sie sich an Unterhaltungen beteiligen und Fragen beantworten, werden sich die Leute Ihr Profil ansehen und einige von ihnen werden auf Ihrer Freelance-Seite landen.
- Wenn Sie Designer sind, zeigen Sie Ihre kreative Arbeit auf Behance.

Kundentypen

- Kunden, die Ihre Arbeit schätzen und respektieren. Die Aufgaben, die Sie von diesen Kunden erhalten, sind immer gut strukturiert und logisch. Sie respektieren Ihre Zeit und kommunizieren deutlich über die Fristen oder irgendwelche Probleme im Zusammenhang mit dem Projekt. Es ist ein Vergnügen, mit solchen Leuten zu arbeiten und Sie werden normalerweise zusätzliche Anstrengungen für deren Aufgaben unternehmen.
- "Gib mir einen Preisnachlass! Einen großen Preisnachlass!" All diese Kunden finden es am wichtigsten, so wenig wie möglich zu bezahlen. Sie sollten sie vermeiden, da sie Ihre Zeit verschwenden und alles tun werden, um weniger auszugeben.
- "Ich habe etwas, was erledigt werden muss, aber ich bin mir nicht sicher, was es ist. Ich werde mich aber darüber streiten." Sie müssen viele Fragen stellen, um 100% sicher zu sein, was die Aufgabe beinhaltet. Stimmen Sie nicht zu, Aufgaben zu übernehmen, die nicht zu Ihrem

Fachgebiet gehören, auch wenn sie mit der Aufgabe verbunden sind. Diese Kunden werden ihre Meinung oft ändern, seien Sie also vorsichtig und bitten Sie immer um eine schriftliche Vereinbarung und speichern Sie Ihre gesamte Korrespondenz als Beweis.

- "Ich habe vergessen, Ihnen etwas über Änderungen zu erzählen und jetzt müssen Sie noch einmal von vorne anfangen." Natürlich sind Änderungen in jeder Arbeitsumgebung normal. Es ist nachvollziehbar, wenn dies einmal passiert und Sie sofort über über die Anpassungen informiert werden. Wenn dies jedoch nicht die normale Arbeitsweise Ihres Kunden ist, scheuen Sie sich nicht, jede zusätzliche Stunde in Rechnung zu stellen und den Liefertermin zu verschieben.

Dinge, die Sie vermeiden sollten

- Zeigen Sie keine halbfertige, beinahe fertige oder „dies ist nur ein Vorschlag"- Kunden sind nicht Sie, sie haben also nicht die gleiche Vision und Einstellung wie Sie. Sie werden nur sehen, was Sie Ihnen zeigen und ein grober Entwurf mag wie eine schlecht gemachte Arbeit erscheinen.
- Verwenden Sie nicht Ihr eigenes Geld für die Bedürfnisse des Kunden. Denken Sie zum Beispiel gründlich nach, bevor Sie Designvorlagen, Fotos oder Grafikelemente mit Ihrem eigenen Geld kaufen. Wenn Sie den Kunden nicht gut kennen, besteht die Gefahr, dass er vergisst, Ihnen die Kosten zu erstatten oder sogar ohne Vorankündigung keine Aufträge mehr sendet.
- Lassen Sie den Kunden nicht in Ihren Kopf! Seien Sie flexibel, aber bleiben Sie bei Ihren Grundsätzen. Jeder hat seine Meinung, aber es gibt einen Grund, warum der Kunde sich entschieden hat, diese Aufgabe Ihnen zu übertragen anstatt es selbst zu erledigen.
- Machen Sie nichts, bevor die Vereinbarung unterschrieben ist. Selbst die freundlichsten und positivsten Menschen könnten Ihnen und Ihrem Geschäft schaden.

Nützliche Hilfsmittel für Ihre Freiberufler-Karriere

Freelancing ohne verschiedene hilfreiche Werkzeuge ist nicht effizient und Sie verschwenden Ihre Zeit. Hier sind einige Apps, die Sie mit Ihrem ersten Kunden implementieren sollten und weiterhin verwenden können, wenn Sie mit mehreren Projekten jonglieren.

- Achten Sie auf Ihre Zeit. Mit Apps wie Timedoctor oder Desktime können Sie die Zeit festhalten, die Sie mit jedem Projekt verbringen. Dies ist hilfreich, um Ihre Produktivität zu analysieren und dem Kunden genau zeigen zu können, wie viel Zeit Sie für die Ausführung der Aufgabe benötigt haben.
- Mehrere Projekte verwalten. Mit Hilfmitteln wie Trello oder Asana kennen Sie den Status jeder Aufgabe und kontrollieren Ihre Liefertermine.
- Posteingang sortieren. Google hat Inbox by Google eingeführt, das wie eine Zu-Erledigen-Liste + E-Mail funktioniert. Sehr praktisch, wenn Sie viele E-Mails von verschiedenen Projekten erhalten.
- Verlieren Sie Ihre Dateien nicht, selbst wenn Ihr Computer in Brand gerät. Google Drive ist für viele Freiberufler unverzichtbar, das es alle Änderungen automatisch online speichert. Verwenden Sie Google Docs zum Schreiben, für Instruktionen oder Skizzen. Verwenden Sie Google Sheets für Planung, Datenrecherche und Berichte.
- Grammarly Add-On. Grammarly ist viel mehr als nur eine Rechtschreibprüfung. Indem es Synonyme vorschlägt, Satzkonstruktionen korrigiert und übermäßig oft verwendete Wörter anzeigt, kann diese intelligente App grundsätzlich einen Korrektor ersetzen.

Kapitel 2

Wie wird man Freelancer ?

8 Schritte, um Freelancer werden

Sie haben sich endlich entschlossen, auf eigene Rechnung zu arbeiten, wissen aber nicht, welche Schritte Sie unternehmen müssen? Wir geben Ihnen alles, was Sie wissen müssen.

1 Definieren Sie Ihre Dienstleistungen

Dieser Teil ist einfach, da Sie Ihren Weg finden, was Sie gut können, und Sie müssen nur Ihre Fähigkeiten nach vorne stellen. Sie sind ein Entwickler und beherrschen Sprachen wie PhP, Java, Python? Nur zu. Aber wir sprechen nicht nur über Jobs im technischen Bereich, wenn du eine Nageltechnikerin bist, kannst du sehr gut dein eigenes Unternehmen gründen und Dienstleistungen als solche anbieten. In jedem Fall bist du nicht eingeschränkt.

2 Definieren Sie Ihre Ziele

Sie werden eine Persona erstellen. Eine Persona ist ein Bild Ihres idealen Kunden, der in der Lage ist, Ihre Produkte oder Dienstleistungen zu kaufen, ohne Fragen zu stellen, weil Sie sein Bedürfnis erfüllt haben. Um eine Persona zu erstellen, benötigen Sie mehrere Informationen über Ihre Zielgruppe, z. B

- Sein/ihr Vor- und Nachname (verwenden Sie fiktive Namen).
- Ein Foto zur besseren Identifizierung Ihrer Zielperson (auch wenn es nur fiktiv ist).
- Ihr Alter.
- Ihr geografischer Standort.
- Ihr Familienstand.
- Ihr Einkommen.
- Ihre Schmerzpunkte.
- Ihre Bedürfnisse.

Dies sind die wichtigsten Informationen, die Sie benötigen, aber zögern Sie nicht, Elemente hinzuzufügen, die die Persönlichkeit Ihrer idealen Zielgruppe verstärken. Was Ihre Ziele betrifft, so gibt es keine vorgefertigte Strategie, sondern Sie entscheiden selbst, welche Ziele Sie festlegen und ob sie leicht zu erreichen sind. Denken Sie daran, dass Sie sich vor allem am Anfang Ihrer Tätigkeit leicht erreichbare Ziele setzen müssen, sonst werden Sie entmutigt und haben keinen Erfolg. Sie müssen also über Ziele nachdenken:

- Finanzielles: Ihr Gehalt, die Investitionen, die Sie tätigen werden, Ihre Ersparnisse...
- Bekanntheitsgrad: wie Sie Ihre Sichtbarkeit aufbauen, wie Sie Besucher auf Ihre Website locken, wenn Sie eine haben...
- Ihr berufliches und persönliches Leben: Wie viel Zeit haben Sie zum Arbeiten, wie viele Urlaubstage?

3 Erstellen Sie Ihr Angebot

Sobald Sie Ihre verschiedenen Ziele festgelegt haben, müssen Sie sich mit dem Angebot befassen, das Sie Ihren Kunden unterbreiten werden. Um ein gutes Angebot zu erstellen. Es muss den Bedürfnissen Ihrer Zielgruppe entsprechen, es muss klar und leicht verständlich sein. Überlegen Sie, was Sie anbieten, und übersetzen Sie es für Ihre Kunden. Sind Sie ein SEO-Autor? Zeigen Sie Ihre Fähigkeiten, machen Sie sich auf Plattformen wie LinkedIn bemerkbar. Wenn Sie andererseits Kunden finden wollen, gibt es verschiedene Möglichkeiten:

- Sie können sich auch um Aufträge auf Websites für Freiberufler bewerben.
- Machen Sie ein besonderes Angebot, indem Sie eine kleine kostenlose Dienstleistung anbieten.
- Bauen Sie Ihre Sichtbarkeit auf LinkedIn aus. Indem Sie Inhalte erstellen, können Sie potenziellen Kunden zeigen, dass Sie sich auskennen und dass sie Ihnen vertrauen können.
- Gehen Sie Partnerschaften mit anderen Branchenexperten ein. Nur weil Sie sich selbstständig gemacht haben, heißt das nicht, dass Sie es allein schaffen müssen. Zögern Sie nicht, andere Freiberufler zu finden und sich mit ihnen zu umgeben, damit Sie von ihrem Rat profitieren können.

4 Legen Sie Ihre Preise fest

Wenn Sie ein neues Unternehmen gründen, kann es sein, dass Sie unter dem Impostersyndrom leiden. Seien Sie selbstbewusst und kennen Sie Ihren Wert. Es gibt ohnehin keine festen Preise. Um herauszufinden, welchen Preis Sie ansetzen sollten, schauen Sie im Internet nach und prüfen Sie, welchen Wert Sie Ihren Dienstleistungen beimessen. Denken Sie auch an die Gebühren, die Sie zahlen müssen. Je nach Land, in dem Sie sich befinden, sind die Gebühren nicht gleich, Sie müssen also gut informiert sein. Wenn Sie Ihr angestrebtes Monatseinkommen ermittelt haben, addieren Sie diese Kosten und teilen Sie sie durch die Anzahl der geleisteten Arbeitsstunden, um Ihren Stundensatz zu erhalten. Was Sie beachten müssen:

- Ihre Fähigkeiten.
- Ihr Know-how.
- Ihr Fachwissen.
- Ihre Erfahrung (wenn Sie über viele Jahre Erfahrung verfügen, können Sie eine höhere Zahl angeben).
- Ihre Empfehlungen von Ihren Kunden.

5 Kommunizieren Sie auf Plattformen

Wir haben in einem Abschnitt oben kurz darüber gesprochen, aber eine Kommunikation auf Plattformen ermöglicht es Ihnen, Ihr Angebot und/oder Ihre Dienstleistungen bekannt zu machen. Hierfür empfehlen wir LinkedIn. Diese professionelle Plattform ermöglicht es Ihnen, Ihre Fähigkeiten hervorzuheben, indem Sie über Themen sprechen, die mit Ihrem Unternehmen in Zusammenhang stehen. In der Tat ist es sehr einfach, da Sie auf LinkedIn eine riesige Basis von Fachleuten haben.

Dank LinkedIn haben Sie einen direkten Kontakt zu Ihren Kunden. Sie müssen nicht mehr den Weg über Pförtner gehen, sondern sprechen direkt mit der Person, die für das Produkt oder die Dienstleistung zuständig ist. Je mehr Sie auf LinkedIn veröffentlichen, desto mehr Menschen werden auf Sie aufmerksam, so dass Sie nach und nach das Vertrauen Ihrer potenziellen Kunden gewinnen werden. Zusätzlich zu Ihrer Akquise auf LinkedIn betreiben Sie das so genannte Inbound-Marketing, eine Technik, mit der Sie neue Kunden für sich gewinnen können.

6 Erstellen Sie eine Kundendatenbank

Eine Kundendatenbank ist für Ihr Unternehmen äußerst wichtig. Sie ermöglicht es Ihnen, Ihre Kunden zu binden, Ihren Umsatz zu steigern und ihre Bedürfnisse zu erfüllen. Wie bereits erwähnt, werden Sie nach Kunden suchen und Daten sammeln, wie z. B.:

- Kontaktinformationen.
- Daten eines früheren Kaufs, der auf Ihrer Website getätigt wurde, wenn Sie zum Beispiel eine Website haben.

Besonders interessant ist, dass Sie auch die Entwicklung Ihrer Verkäufe beobachten können, also lassen Sie diesen Punkt nicht aus.

7 Haben Sie Vertrauen in sich selbst

Wenn Sie den Sprung ins kalte Wasser der Freiberuflichkeit wagen, müssen Sie Vertrauen in sich selbst haben, Ihren Wert kennen und wissen, was Sie Ihren Kunden bieten können. Wenn Sie Selbstvertrauen haben, werden Ihre Kunden das auch spüren, und Sie werden die richtigen Preise für die von Ihnen geleistete Arbeit verlangen. Wir alle kennen das Hochstaplersyndrom, auch Sie müssen sich Ihres Wertes bewusst sein.

8 Weiterbilden

Ja, auch Sie müssen sich ständig weiterbilden, um mit Ihrer Kundschaft und deren Anforderungen Schritt zu halten. Aber Sie tun dies nicht nur für Ihre Kunden, sondern auch für sich selbst, um sich zu erneuern. Vielleicht werden Sie neue Dinge in Ihr Dienstleistungsangebot aufnehmen wollen, und das wird Ihnen neue Ideen geben, um sich ständig zu verbessern. Als Freiberufler kann man sich schnell langweilen, wenn man immer wieder das Gleiche tut. Ständig neue Dinge zu lernen und sie umzusetzen, kann eine Lösung sein, um zu verhindern, dass die Routine einsetzt und um sich selbst zu verbessern.

Kapitel 3

Die beliebtesten freiberuflichen Jobs weltweit

Wenn Sie dies noch immer lesen, sind Sie sicher entschlossen, ein Freiberufler zu werden. Aber haben Sie bereits entschieden, welche Ihrer Fähigkeiten Sie verkaufen möchten? Schauen Sie sich diese freiberuflichen Jobs an, die im Moment sehr gefragt sind.

Top 10 der gefragtesten freiberuflichen Fähigkeiten

Das Beste daran ist, dass fast alle diese Fähigkeiten bequem von zu Hause aus online erlernt werden können.

Die gefragtesten freiberuflichen Fähigkeiten

Hier sind die gefragtesten freiberuflichen Fähigkeiten:

1. Videobearbeitung

Das Zeitalter, in dem wir leben, ist das Zeitalter der digitalen Medien. Mit einem einzigen Klick haben Sie Zugriff auf eine Vielzahl von Informationen, Produkten und Dienstleistungen.

Mit der wachsenden Popularität digitaler Plattformen wie Instagram und Facebook haben viele Marken ihren Fokus auf ihre Online-Präsenz verlagert. Sie achten mehr darauf, dass ihre Produkte ästhetisch und massentauglich sind. Hier spielt die Videobearbeitung eine wesentliche Rolle.

Es ist heutzutage eine der gefragtesten freiberuflichen Fähigkeiten und bietet Ihnen verschiedene Möglichkeiten, genug Geld zu verdienen.

2. Software-Entwicklung

Auf der ganzen Welt wird Software verwendet, um eine wachsende Vielfalt von Organisationen und Systemen zu betreiben. Sie müssen jedoch die Eignungskriterien erfüllen, um als Softwareentwickler in akkreditierten Organisationen zu arbeiten.

Einige Organisationen verlangen einen 4-jährigen Abschluss in Softwareentwicklung, einige von ihnen, wie Apple und Google, haben jedoch jegliche Abschlussanforderungen aus ihrem Einstellungsprozess gestrichen. Das bedeutet, dass Sie auch ohne die Möglichkeit, eine Universität zu besuchen, als freiberuflicher Softwareentwickler für namhafte Unternehmen arbeiten können.

Auf verschiedenen Online-Plattformen wie Coursera und Udemy können Sie Softwareentwicklung kostenlos online lernen.

Jedes Jahr werden mehr Transaktionen/Käufe online getätigt. In praktisch allen Lebensbereichen nutzen immer mehr Menschen Apps, Internet-Tools und technische Geräte. Diese Fähigkeit ist also ein guter Ort, um Ihr Zelt aufzuschlagen.

3. SEO

Um zu gedeihen und Geld zu verdienen, brauchen Websites Traffic. Suchmaschinen wie Google, Bing und Yahoo sind neben sozialen Netzwerken die Hauptquellen dieses Traffics. Dafür vertrauen Unternehmen regelmäßig auf SEO spezialisierte Freelancer, um bei strategischen Anfragen auf der ersten Seite zu erscheinen.

Die durchschnittliche Jahresvergütung für einen SEO-Berater beträgt 69,499 US-Dollar, und ein gut bewerteter SEO-Berater auf einer freiberuflichen Website wie Upwork verdient zwischen 60 und 250 US-Dollar pro Stunde.

4. Webdesign

Webdesign ist eine sehr gefragte freiberufliche Fähigkeit. Viele Unternehmen, die auf verschiedene Branchen spezialisiert sind, suchen ständig nach talentierten Website-Designern, die in kürzester Zeit schöne Kreationen erstellen können.

Schönerweise müssen Sie nicht Programmieren lernen, um eine Website entwerfen zu können. Es gibt jetzt viele einfache Drag-and-Drop-Tools, die Sie verwenden können.

Im Durchschnitt ist Website-Design nicht so lukrativ wie Software-Engineering, aber die besten Webdesigner können immer noch 100,000 $ oder mehr in einem Jahr verdienen. Ich denke also, dass es eine großartige, gut bezahlte Fähigkeit ist, wenn Sie daran interessiert sind, in der Technik zu arbeiten.

Es ist auch eine großartige Option für Leute, die einen Hintergrund in Kunst oder visuellem Design haben und mit ihren Fähigkeiten viel Geld verdienen möchten

5. Digitales Marketing

Die Entwicklung Ihrer digitalen Marketingfähigkeiten wird sich auszahlen. Unternehmen investieren stark in digitales Marketing, weil sie darin eine praktikable Alternative zum traditionellen Marketing sehen.

Sie können leicht ein 6- bis 8-stelliges Einkommen erzielen, wenn Sie ein paar seriöse Unternehmen finden, für die Sie als freiberuflicher digitaler Vermarkter arbeiten können.

6. Inhaltserstellung

Für jedes Wort, das online oder offline geschrieben wird, sitzt jemand an seinem Computer und legt sein Herz hinein.

Stellen Sie sich bei Hunderttausenden von Websites, Zeitungen, Blogs und Zeitschriften die Möglichkeiten vor, die Ihnen beim Erstellen von Inhalten zur Verfügung stehen. Dazu müssen Sie Ihre Schreibfähigkeiten, Ihre Syntax und Ihre Grammatik optimieren und lernen, ansprechende Inhalte zu erstellen.

7. Social Media Marketing

In den letzten Jahren sind Websites wie Twitter, LinkedIn, Facebook, Pinterest und Instagram entstanden und zu den sozialen Referenznetzwerken geworden. Über diese sozialen Netzwerke wollen Unternehmen mit potenziellen Kunden interagieren: Dafür brauchen sie Experten.

In diesem Zusammenhang kann ein Social-Media-Manager seine Talente sinnvoll einsetzen und Marken dabei helfen, das Nutzerengagement zu steigern.

Technisches Know-how braucht man für diese Rolle nicht unbedingt, Hauptsache man kann sich mit einer Community austauschen.

8. Grafikdesign

Grafikdesign ist ein besonders beliebtes Arbeitsfeld. Freiberufliche Top-Designer finden oft mehr Arbeit, als sie bewältigen können.

Als Grafikdesigner muss man kreativ sein und einen gewissen Geschmack haben, um Formen und Farben in Einklang zu bringen.

Außerdem müssen Sie eine Grafikdesign-Software wie PhotoShop verwenden. Es ist daher wichtig, auf dem Laufenden zu bleiben und Branchentrends zu folgen, neue Tools zu lernen und Ihre Fähigkeiten zu entwickeln.

Als Anfänger können Sie auch einige Grafikdesign-Tools verwenden, auf die Sie mit einer kostenlosen Testversion zugreifen können, wie z. B. Canva, um Ihre ersten Kreationen zu erstellen.

9. Virtuelle Unterstützung

Ein freiberuflicher virtueller Assistent arbeitet von zu Hause aus, um eine Reihe von Verwaltungsaufgaben und verschiedene Dienstleistungen für seine Kunden zu erledigen.

Ein guter virtueller Assistent muss vielseitig, organisiert und äußerst reaktionsschnell sein.

Es umfasst eine breite Palette von Diensten wie das Verwalten von E-Mails, das Vereinbaren von Terminen, das Planen von Besprechungen und das Verwalten von Terminkalendern, das Empfangen und Tätigen von Anrufen, das Überwachen sozialer Netzwerke, die Recherche und die Datenerfassung ...

Ein freiberuflicher virtueller Assistent für Anfänger kann zwischen 6 und 10 US-Dollar pro Stunde verdienen. Mit Erfahrung können Sie durchschnittlich 15 $ pro Stunde verdienen.

Um als unabhängiger virtueller Assistent zu beginnen, listen Sie zunächst die Dienste auf, die Sie Ihren Kunden anbieten können.

Richten Sie sich an den niedrigsten Preisen auf dem Markt aus, um Ihre ersten Aufträge zu erhalten, und versuchen Sie, sich in der Aufgabe zu übertreffen, positives Feedback zu erhalten und Ihr Profil zu festigen.

10. Verfassen von Texten

Der Titel ist immer noch derselbe wie „Schreiben", aber Texter und Inhaltsschreiber haben unterschiedliche Verantwortlichkeiten. Texter widmen sich dem Schreiben von Webseiteninhalten, Produktbeschreibungen, E-Mail-Kopien und vielem mehr.

Schaut man sich zum Beispiel die Liste der Top-Texter auf UpWork an, werden sie im Durchschnitt mit 15-100 USD pro Stunde für diese Arbeit bezahlt.

Kapitel 4

Bauen Sie Ihre Online-Präsenz auf

Wichtige Voraussetzungen für den Aufbau deiner Online-Präsenz:

- **Deine Freelance-Website**

Eine Freelance-Website zu erstellen und zu vermarkten, ist eine einfache Möglichkeit, um dich professionell und glaubwürdig zu präsentieren und dein Unternehmen aufzubauen. Squarespace bietet Funktionen wie eine integrierte Suchmaschinenoptimierung (SEO), wunderschöne personalisierbare Templates, für deren Verwendung keinerlei Designkenntnisse erforderlich sind, und eine Fülle von Marketing-Tools wie einen Online-Terminplaner, Blogs und E-Mail-Marketing.

- **Social Media**

Schau dir die beliebtesten Social-Media-Kanäle an, die von Expert:innen in deiner Branche und deiner Zielgruppe häufig genutzt werden, und erstelle dort Profile. Achte darauf, dass der Name deines Kontos mit dem Namen deiner Website übereinstimmt, damit deine Zielgruppe bei sämtlichen Interaktionen mit deiner Marke eine einheitliche Erfahrung macht.

Im Gegensatz zu deiner Website, die sich auf dein Unternehmen und dein Angebot an die Kundschaft konzentrieren sollte, sollten deine sozialen Medien in erster Linie dazu dienen, eine Beziehung zu einer Zielgruppe aufzubauen und mit ihr in Kontakt zu treten – und nicht dazu, sie mit Werbung zu überfluten. Interagiere proaktiv mit deinen Followern sowie den Konten anderer Expert:innen deiner Branche und erstelle Inhalte, die einen Mehrwert für deine Zielgruppe darstellen.

Wenn du zum Beispiel Webentwickler:in bist, könntest du eine Vordenkerrolle für Trends in der Tech-Branche einnehmen oder branchenrelevante Beiträge zum Thema Programmieren verfassen, wenn es zu deiner Marke passt. Du könntest sogar lustige Videos erstellen, die sowohl unterhaltsam als auch informativ für deine Zielgruppe sind. Wenn du Inhalte erstellst, die geteilt werden können, erreichst du mehr Menschen und erhöhst die Wahrscheinlichkeit, dass potenzielle Kund:innen auf dich aufmerksam werden.

Als Freiberufler in der Tech-Branche wirst du auf eine Menge Konkurrenz stoßen. Die Schaffung einer überzeugenden Online-Präsenz wird ein entscheidender Faktor für dein berufliches Wachstum sein. Wir empfehlen dir, in eine persönliche Website und in soziale Medien zu investieren, wenn möglich mit einem ausgezeichneten Content-Management-System verstärkt. Das ist es, was dich wirklich auszeichnet. Es kann auch nicht schaden, wenn du dich über Search Engine Optimization (SEO) informierst, wenn du nicht die Verwaltung deiner Inhalte an Dritte auslagern möchtest.

Wenn dein Budget nicht den vollen Umfang einer Webseite zulässt, ist das auch nicht schlimm! LinkedIn ist ein großartiger Ort, um mit der Optimierung deines Profils zu beginnen. Der Marketplace von LinkedIn ist ein hervorragendes Instrument für Freiberufler, um ihre Produkte oder Dienstleistungen zu verkaufen, insbesondere für Freiberufler, die in der Tech-Branche arbeiten. Der LinkedIn Marketplace ist ideal, um Freiberufler mit Unternehmen zusammenzubringen, die nach Talenten auf Projektbasis suchen.

Hier sind einige der Best Practices, um dein LinkedIn-Profil zu optimieren:

- Verwende deinen richtigen Namen! Du willst, dass man dich finden kann.
- Lade ein professionelles Profilbild hoch.
- Achte darauf, dass dein Einleitungsteil ausführlich und gut geschrieben ist.
- Tritt Gruppen bei.
- Veröffentliche einheitlich.
- Teile dein Fachwissen.
- Erhalte öffentliche Empfehlungen.

Nutze dein LinkedIn-Profil, um deine freiberuflichen Dienstleistungen zu bewerben, ohne in Werbung zu investieren!

So erstellen Sie ein attraktives Online-Portfolio

In der Vergangenheit nahmen Freelancer zur Bestätigung ihrer Fähigkeiten ein gedrucktes Portfolio – meist eine Aktenmappe mit Projekten – zu Kundenterminen mit. Heute bietet das Internet viel bessere Möglichkeiten. Einer von ihnen ist eine professionelle Portfolio-Website. Bisher ist dies der effektivste Weg, um Ihre Ergebnisse im Web zu präsentieren. Das Online-Portfolio kann gleichzeitig als Visitenkarte, Lebenslauf und Galerie mit Ihren besten Projekten fungieren. Darüber hinaus steigern Sie mit einer gut positionierten Portfolio-Website Ihre Sichtbarkeit im Web. Das bedeutet, dass potenzielle Kunden Sie leichter finden, indem sie den entsprechenden Begriff in die Suchmaschine eingeben.

Was soll man wählen - klassisches oder Online-Portfolio?

Sobald Sie wissen, dass das Portfolio für Sie wichtig ist, ist es an der Zeit, die für Sie beste Form zu wählen. Sie können zu einem klassischen Materialportfolio gehen oder ein Online-Portfolio auswählen. Welchen sollten Sie also wählen?

Heutzutage werden immer mehr Dinge online erledigt. Bewerbungsgespräche selbst finden zunehmend in der Online-Welt statt. Aus diesem Grund hat sich auch unsere Art der Präsentation geändert. Der Aufbau unseres Images im Web wird immer wichtiger. Daher lohnt es sich, bei der Entscheidung, ein Portfolio zu erstellen, die Online-Version zu wählen. Auf diese Weise heben Sie sich von anderen Kandidaten ab und beeindrucken Ihr Publikum. Natürlich hat ein Online-Portfolio noch mehr Vorteile.

6 Gründe, warum Portfolio online die beste Option für Sie ist

In einer Zeit, in der die Online-Präsenz für alle von entscheidender Bedeutung geworden ist, ist ein Online-Portfolio praktisch notwendig. Ein Website-Portfolio ist eine der besten Möglichkeiten, um einen hervorragenden ersten Eindruck bei Ihrem potenziellen Publikum zu hinterlassen. So können Sie sich von Ihrer besten und professionellen Seite zeigen.

Hier sind die wichtigsten Vorteile eines Online-Portfolios:

1. Riesige Zeitersparnis

Mit einer Portfolio-Website können Sie Ihre Projekte einfach, schnell und effektiv Ihrem Publikum präsentieren. Wenn Sie Ihr Angebot an Kunden senden möchten, müssen Sie sich nicht die Mühe machen, Materialien in PDF-

Form zu sammeln, auszudrucken oder komplexe Präsentationen zu erstellen. Nutzen Sie ein Online-Portfolio! Es ist eine enorme Zeitersparnis nicht nur für Sie, sondern auch für Ihre Empfänger. Sie werden ihnen Ihre besten Projekte und Fähigkeiten sehr ehrlich präsentieren. Dank dessen werden die Auftraggeber/Recruiter Ihren Stil sofort einschätzen und sich so für eine schnellere Zusammenarbeit entscheiden, ohne Ihre Zeit zu verschwenden!

2. Der einfachste Weg, das Angebot zu präsentieren

Ein Portfolio in Form einer Website ist für Ihre Kunden der bequemste Weg, Ihr Angebot kennenzulernen. Ein Klick genügt, um Ihre Designs jederzeit auf einem Laptop oder mobilen Gerät frei zu durchsuchen. Es erfordert zusätzlichen Aufwand, mehrere Anhänge zu öffnen oder Verzeichnisse zu entpacken. Warum sollte der Kunde das tun, wenn er täglich viele solcher Nachrichten von anderen Freelancern oder Unternehmen erhält? Sie werden positiv auffallen, wenn Sie ihm etwas einfacher zu bedienendes schicken. Ein zu komplizierter Weg zu Ihren Werken kann gleich zu Beginn zur Ablehnung führen! Dank des Online-Portfolios haben Sie alles Notwendige an einem Ort, den alle Interessierten problemlos erreichen können - auf Ihrer Website!

3. Ein viel breiteres Publikum erreichen

Täglich surfen Menschen aus der ganzen Welt im Internet auf der Suche nach Produkten, Dienstleistungen oder neuen Lösungen. Ein SEO-optimiertes Portfolio ist eine ausgezeichnete Chance für jeden, ein breiteres Publikum zu erreichen. Dadurch finden potenzielle Kunden nach der Eingabe eines Keywords zu Ihrer Marke, Branche, Dienstleistung oder Ihrem Standort den Weg zu Ihrer Website.

Das Portfolio in Form einer Website bietet Ihnen die Möglichkeit, Ihre Sichtbarkeit im Web zu erhöhen. Sie müssen jedoch daran denken, zu einfache SEO-Regeln auf Ihrer Website implementieren! Stellen Sie beim Posten von Inhalten in einzelnen Abschnitten Ihres Portfolios sicher, dass Keywords für Ihre Nische relevant sind, vorzugsweise solche, die sich auf Ihren Standort oder Ihre Dienstleistung beziehen (Warschauer Fotograf, 360 Marketing Services, freiberuflicher Grafikdesigner London).

4. Unvergesslicher erster Eindruck

Wenn Sie der Meinung sind, dass es ausreicht, ein paar Links auf der Website einzufügen, um Ihre Leistungen zu präsentieren - tun Sie es nicht! Es sieht nicht sehr professionell aus und wird bei Ihrem potenziellen Publikum sicherlich keinen guten Eindruck hinterlassen. Auch mit den besten Projekten - chaotisch präsentiert - werden Sie das Vertrauen Ihres Publikums nicht gewinnen! Ihre Aufgabe ist es, dafür zu sorgen, dass Sie nicht abgelehnt werden. Ein schönes Online-Portfolio dient als Ihre Visitenkarte und verrät anderen mehr über Ihre Fähigkeiten, Kreativität und Erfahrung als viele lange Lebensläufe.

5. Sich von der Konkurrenz abheben

Bevor sich die Empfänger für Sie entscheiden, werden sie zweifellos andere Angebote recherchieren und überprüfen. Ein professionelles Online-Portfolio ist Ihre Chance, sich vom Wettbewerb abzuheben. Damit zeigen Sie, dass Sie es mit Ihren Projekten ernst meinen, sind ein zuverlässiger Profi und schaffen so Vertrauen. Ihre Erfahrung und die Anzahl der abgeschlossenen Projekte sind entscheidend, aber auch die gekonnte Präsentation Ihrer bisherigen Ergebnisse entscheidet über Ihren endgültigen Erfolg!

6. Vertrauen von Ihrem Publikum

Ein Portfolio ist ein Schlüssel, um das Vertrauen Ihres potenziellen Publikums zu gewinnen. Eine professionelle Portfolio-Website ist ein erster und wichtigster Schritt, um Ihre Fähigkeiten zu überprüfen. Sie können Kurzgeschichten hinter Ihren Projekten in Ihr Online-Portfolio aufnehmen und diese mit den Meinungen zufriedener Kunden und Referenzen unterstützen.

- In welchen Branchen ist ein professionelles Online-Portfolio unverzichtbar?
- Wie kann man es in jeder Branche einsetzen?

Wie sollte ein Online-Portfolio aussehen?

Ein Online-Portfolio ist eine Form der Selbstdarstellung, die in vielen Branchen eine bedeutendere Rolle spielt als ein Lebenslauf. Indem Sie ein attraktives

Portfolio in Form einer Website erstellen, erfüllen Sie die Erwartungen Ihrer potenziellen Empfänger.

Wie baut man ein einzigartiges Online-Portfolio auf, das die Aufmerksamkeit der Empfänger auf sich zieht und sie davon überzeugt, lange bei Ihnen zu bleiben? Dies sind wesentliche Merkmale, die jedes professionelle Portfolio haben sollte:

1. Kreativität

Um sich von der Konkurrenz abzuheben, sollte Ihr Portfolio originell sein! Im Portfolio drücken Sie sich aus und zeigen Ihre Fähigkeiten. Es kann nicht langweilig sein. Das herausragende Portfolio ermöglicht es Ihnen, die Aufmerksamkeit der Empfänger auf sich zu ziehen. Die Anordnung von Fotos, Farben und grafischen Elementen kann nicht zufällig sein. Es ist ratsam, ein Logo zu erstellen, um sich von anderen abzuheben. Dazu können Sie kostenlos online ein Logo erstellen. Die gesamte Website sollte gut durchdacht sein, um Ihre Fähigkeiten hervorzuheben und den Wert Ihrer Arbeit hervorzuheben.

2. Modernes und klares Design

Stellen Sie sicher, dass Ihre Werke schön und ästhetisch präsentiert werden. Ihr Portfolio muss sich durch ein auffälliges Design auszeichnen. Konsequente Farben und grafische Elemente sollten zusammenwirken, um den perfekten Hintergrund für Ihre Werke zu schaffen und deren Stil zu unterstreichen. Es ist auch entscheidend, dass das grafische Design des Portfolios zu Ihrer Nische passt.

3. Intuitive Navigation

Ein potenzieller Kunde sollte in wenigen Sekunden leicht das Gesuchte in Ihrem Portfolio finden. Es lohnt sich, nur die wichtigsten Informationen über Sie und die besten Projekte anzuzeigen, um auf den ersten Blick sichtbar zu sein.

Ein ausgezeichnetes Online-Portfolio sollte dynamisch und reibungslos sein und ein einwandfreies Surfen ermöglichen. Benutzer sollen sich reibungslos zwischen den Abschnitten bewegen und Ihre Projekte schnell erreichen können. Die Galerie mit Projekten ist der wichtigste Teil, die die Achse jedes Portfolios darstellt - daher sollte der Zugang zu ihr zugänglich und sichtbar sein. Zu lange Beschreibungen oder unnötige Abschnitte sollten die Portfolioseite nicht dominieren – dies kann Besucher effektiv davon abhalten, auf der Website zu bleiben.

4. Aktualität

Ihr Online-Portfolio muss immer aktuell sein und nur aktuelle Informationen und aktuelle Projekte enthalten! Indem Sie Ihre Projekte von vor Jahren veröffentlichen, geben Sie potenziellen Empfängern ein Signal, dass in Ihrer Karriere in letzter Zeit nichts Interessantes passiert ist. Sicherlich wird Ihr Publikum dies als Minus nehmen.

5. Online-Sichtbarkeit

Ein Online-Portfolio ist der beste Weg, um neue Kunden zu gewinnen. Auch die schönste Portfolio-Site wird ihre Funktion nicht erfüllen, wenn niemand von ihrer Existenz weiß. Daher lohnt es sich, auf die Online-Sichtbarkeit zu achten und ein möglichst großes Publikum zu erreichen.

6. Empfänglichkeit

Der Großteil Ihres Publikums wird Ihr Portfolio auf Smartphones durchsuchen. Daher muss die Portfolio-Website an mobile Geräte angepasst werden. Ein Responsive-Portfolio stellt sicher, dass die Qualität der Grafiken oder Fotos unabhängig von der Art des Geräts, auf dem sie angezeigt werden, nicht verliert.

Welche Tools sollten Sie wählen, um ein Online-Portfolio zu erstellen?

Mit einem professionellen Portfolio in Form einer Website können Sie Ihre Projekte ganz nach Ihren Wünschen präsentieren. Leider haben viele CMS-Tools Einschränkungen, was es schwierig macht, ein originelles Portfolio im Einklang mit Ihrer Vision zu erstellen. Es gibt jedoch Möglichkeiten, einfach und schnell ein schönes Portfolio zu erstellen, ohne Zeit und Geld zu verschwenden!

Wie erstelle ich Schritt für Schritt ein professionelles Portfolio?

1. Setze dir ein Ziel, das du mit einem Portfolio erreichen möchtest

Ohne zu wissen, was Sie mit einem Portfolio erreichen wollen, werden Sie es nie erreichen!

Der erste und wichtigste Schritt, um mit der Erstellung eines Portfolios zu beginnen, besteht darin, sich ein Ziel zu setzen. Bevor Sie sich für ein Portfolio-Thema (Vorlage) entscheiden, stellen Sie sich einige wichtige Fragen:

- Wie sind Ihre Erfahrungen - haben Sie kommerzielle Projekte vorzuweisen oder stehen Sie gerade am Anfang Ihrer Karriere?
- Sind Sie auf eine Branche spezialisiert oder vielseitig und stellen sich verschiedenen Herausforderungen? Die Art und Weise, wie Sie Ihr Geschäft entwickeln möchten, hängt davon ab, wie Ihre Leistungen in Ihrem Portfolio präsentiert werden.
- Was wollen Sie letztendlich erreichen? Den ersten Kunden gewinnen oder die Anzahl der monatlichen Bestellungen erhöhen? Geben Sie bestimmte Zahlen und die gewünschte Zeit an.

Sie gründen gerade Ihr Unternehmen und haben noch keine kommerziellen Projekte vorzuweisen? Die beste Lösung besteht darin, Beispielwerke zu erstellen, die als Beispiel für Ihre Fähigkeiten dienen!

Wenn Sie bereits viel Erfahrung haben, erwartet Sie eine Herausforderung – die Auswahl der besten Projekte. Wenn Sie sich auf ein Motiv konzentrieren, zB einen auf Hochzeitsfotografie spezialisierten Fotografen, lohnt es sich, Ihre Fotogalerie abwechslungsreich zu gestalten. Wählen Sie also abwechslungsreiche Fotos. Auf diese Weise erstellen Sie eine visuell ansprechende Geschichte, die den potenziellen Empfänger interessiert und ihn dazu anregt, mehr von Ihren Werken zu entdecken.

Tipp: Sind Sie ein vielseitiger Freelancer, der gerne Projekte zu verschiedenen Themen übernimmt? In diesem Fall ist es am besten, die Galerie Ihrer Projekte in Kategorien aufzuteilen.

2. Wählen Sie Ihre besten Projekte

Konzentrieren Sie sich bei der Erstellung eines Online-Portfolios auf Qualität, nicht auf Quantität. Du musst nicht alle deine Projekte posten - dafür sind Social Media besser. In ein professionelles Portfolio sollten nur die repräsentativsten Projekte aufgenommen werden, die für Ihr potenzielles Publikum relevant sind.

Wie wählt man die besten Werke aus (besonders wenn man viel Erfahrung hat)? Tun Sie es durch Eliminierung. Entscheiden Sie sich zunächst für eine Kategorie. Nach dem Vorbild eines Fotografen kann die Kategorie Hochzeitsfotos sein. Wählen Sie jetzt Fotos aus nur wenigen der interessantesten Fotosessions aus. Wählen Sie dann dynamische und abwechslungsreiche Aufnahmen, um Monotonie zu vermeiden. Sie werden der zentrale Teil Ihres Portfolios sein. Wenn Sie andere Dinge fotografieren, fügen Sie zur Abwechslung ein paar andere hochwertige Fotos außerhalb der Kategorie hinzu.

Nehmen Sie nicht mehr als 20 Fotos in Ihr Portfolio auf. Der potentielle Kunde wird nicht die Zeit (evtl. auch Geduld) haben, zu viele Werke zu durchstöbern. Also besser nicht alles auf einmal teilen, sondern nur Interesse wecken. Dadurch regen Sie Kunden an, mit Ihnen in Kontakt zu treten, und dann wird es viel einfacher, sie von sich zu überzeugen!

Wo kann man nach Portfoliomaterialien suchen?

Manchmal benötigen Sie zusätzliche Materialien, um Ihr Portfolio abwechslungsreicher zu gestalten. Vielleicht sind es Titelfotos für Texte, Grafiken zur Veranschaulichung eines Themas oder Hintergründe für bestimmte Abschnitte. Wo nach solchen Materialien suchen?

Im Internet finden Sie an vielen Stellen kostenlose Multimedia-Materialien, die Sie sicher in Ihrem Portfolio verwenden können:

- Portfoliobilder und -videos finden Sie auf Pexels , Unsplash , Shutterstock
- Portfolio Musik finden Sie auf filmmusic , bensound etc.

Denken Sie daran, wenn Sie Materialien verwenden, die Ihnen nicht gehören, prüfen Sie immer, welche Begriffe Sie verwenden können, und schreiben Sie sich vor allem nicht die Urheberschaft zu.

Tipp: Mit einer professionellen Portfolio-Sitzung können Sie sie noch professioneller gestalten. Die Wahl lohnt sich zum Beispiel wegen der schönen Präsentation Ihrer Fotos.

3. Planen Sie Ihre Struktur

Es ist wichtig, Ihre gesamte Portfoliostruktur gut zu planen. Es ist extrem wichtig in Bezug auf UX (User Experience). Dank der richtigen Navigation werden die Benutzer reibungslos durch die Website geleitet. Erstellen Sie einen detaillierten Plan für jeden Abschnitt und jede Unterseite, um Ihre Benutzer richtig durch alle wesentlichen Elemente zu führen. Leiten Sie die Besucher an, Vertrauen aufzubauen, und ermutigen Sie sie zu einer bestimmten Aktion (zB Ausfüllen eines Kontaktformulars). Stellen Sie also sicher, dass Ihre Call-to-Action-Schaltflächen (CTA) gut sichtbar angezeigt werden.

Hier sind einige Dinge, die Sie in Ihr Portfolio aufnehmen sollten:

- **Über mich**

In diesem Bereich haben Besucher die Möglichkeit, Sie etwas näher kennenzulernen und mehr über Ihre Arbeit, Ziele, Werte oder Interessen zu erfahren. Dies ist der persönlichste Teil, in dem Sie sich vorstellen können. Hier können Sie Ihr Foto hinzufügen, um zu zeigen, dass Ihre Leidenschaft das ist, was Sie tun. Erstellen Sie dann eine Beschreibung, die Ihr Publikum interessiert und die Sie sich leicht merken können. Überlegen Sie, wie Sie von Ihrem Publikum und Ihren Kunden gesehen werden möchten. Lass deine Beschreibung so klingen! Sie können die Geschichte Ihres Unternehmens oder Ihre Inspiration teilen. Denken Sie daran, ein oder zwei Sätze darüber, wer Sie sind und was Sie tun, genügen.

- **Galerie (Werkpräsentation)**

Das wichtigste Element in jedem Portfolio. Nach einem kurzen Einführungsteil sollten Besucher die Galerie mit Ihren Werken besuchen. Sie sollten keine Zeit damit verschwenden, durch andere Abschnitte oder zu lange Beschreibungen zu waten. Denken Sie an eine übersichtliche Anordnung und Präsentation von Fotos, Videos etc. Aneinandergereiht sollten sie harmonieren und eine hohe Qualität aufweisen.

Tipp: Denken Sie nicht nur an die Qualität Ihrer Inhalte, sondern auch an deren Optimierung! Fügen Sie Ihrem Inhalt Metatitel (Metatitel) und alternative Beschreibungen (Alt-Attribute) hinzu, damit sie in Bildsuchmaschinen (wie Google Graphics) sichtbar sind. Das Einbinden von kurzen Informationen zu Inhalten ist eine wichtige SEO-Regel. Sie verbessern die Sichtbarkeit Ihres Portfolios im Web und verbessern Ihre Ergebnisse!

- **Ergebnisse**

Zeigen Sie den Zuschauern nicht nur das Ergebnis - zeigen Sie ihnen auch, was Sie erreicht haben. Präsentieren Sie Ihre Projekte in Form von Success Stories oder Case Studies. Erzählen Sie die Geschichte hinter dem Projekt. Was hat der Kunde durch Ihre Arbeit gewonnen? Vielleicht hat es zum Beispiel zur Umsatzsteigerung eines bestimmten Unternehmens beigetragen? Denn der durch Sie erzielte Erfolg eines Kunden kann andere - die sich in einer ähnlichen Situation befinden - davon überzeugen, Ihre Dienste in Anspruch zu nehmen!

- **Kontakt**

Ein Online-Portfolio soll es Kunden ermöglichen, Sie schnell zu kontaktieren. Vergessen Sie also nicht, Ihre Telefonnummer oder E-Mail-Adresse an prominenter Stelle anzugeben. Und wenn Sie häufig Social Media besuchen, verlinken Sie auf die Kanäle, auf denen Sie am schnellsten zu erreichen sind.

Auf der Portfolioseite können Sie auch ein Kontaktformular platzieren, über das sich alle Kooperationsinteressierten direkt mit Ihnen in Verbindung setzen können.

- **Referenzen**

Bitten Sie Ihre Kunden um Feedback und nehmen Sie es in Ihr Portfolio auf. Es gibt keinen besseren Weg, Ihre Fähigkeiten zu bestätigen, als einen Abschnitt mit Testimonials (Empfehlungen von zufriedenen Kunden) zu veröffentlichen. Die Tatsache, dass andere Sie weiterempfehlen, wird sicherlich das Vertrauen Ihres Publikums wecken. Stellen Sie sicher, dass Ihre Meinungen authentisch sind und fügen Sie Fotos oder Namen von Kunden hinzu (natürlich nach Einholung ihrer Zustimmung). Denken Sie jedoch daran, dass alle Meinungen wahr sein müssen! Kunden werden schnell eine Unwahrheit spüren, und dann werden sie sicher nicht mit Ihnen kooperieren!

- **Infografiken**

Die Verwendung von Infografiken auf Ihrer Portfolioseite hilft Ihren Kunden, die wichtigsten Informationen zu erfassen und sich daran zu erinnern. Mit Hilfe von Timeline-Infografiken präsentieren Sie dynamisch Ihren Lebenslauf oder Ihre Arbeitsweise. Die Diagramme dienen Ihnen als Visualisierung Ihrer Ergebnisse. Es ist eine leicht zugängliche Möglichkeit, numerische Daten in Fallstudien zu präsentieren, die Sie in Ihr Portfolio aufnehmen können. Attraktive Icons werden die Aufmerksamkeit auf sich ziehen und Ihr Publikum interessieren - verwenden Sie sie also, um Ihre Stärken hervorzuheben oder Ihre Sprach- oder Programmkenntnisse zu zeigen.

- **Sozialen Medien**

Die Integration der Website mit Social Media hat einen massiven Einfluss auf die Positionierung. Es ist auch ein effektiver Weg, um neue Kunden zu erreichen und direkt mit ihnen in Kontakt zu treten. Sie müssen also sicherstellen, dass Ihre Portfolio-Website in die für Sie wichtigen sozialen Kanäle integriert ist. Icons, die sich auf Social-Media-Kanäle beziehen, sollten ansprechend gestaltet und auf der Startseite Ihres Portfolios sichtbar sein.

Wie promoten Sie Ihr Online-Portfolio?

Nutzen Sie die Macht der sozialen Medien, um mit Leichtigkeit neue Zielgruppen zu gewinnen! Das Zeigen Ihrer Werke in sozialen Medien ist eine völlig kostenlose Möglichkeit, für sich und Ihre Aktivitäten zu werben. Sie haben eine große Gruppe von Followern auf Ihrem Unternehmensprofil auf Instagram, Facebook oder LinkedIn? Teilen Sie dort einen Link zu Ihrem Portfolio.

Wie sonst können Sie Ihr Online-Portfolio kostenlos bewerben?

Sie können auf Plattformen wie auf Ihre Portfolio-Seite Useme, Upwork, Freelancer. Ihr Portfolio direkt auf den Websites des Auftraggebers präsentiert.

Website für Freelancer: Das solltest du wissen

Eine gut gestaltete Website ist entscheidend für den Erfolg als Freelancer. Das solltest du wissen. Die Online-Präsenz ist für Freelancer und Solo-Selbständige ein entscheidender Faktor, um sich im Wettbewerb durchzusetzen und neue Kunden zu gewinnen. In unserer digitalen Welt ist die eigene Website das Aushängeschild, durch das potenzielle Kunden auf dich aufmerksam werden und mehr über deine Expertise erfahren.

Braucht jeder Freelancer wirklich eine eigene Webseite?

Obwohl nicht jeder Freelancer zwingend eine eigene Webseite benötigt, ist es für die meisten eine kluge Entscheidung, eine solche zu haben. Eine eigene Webseite bietet zahlreiche Vorteile, die dir bei der Kundengewinnung und beim Aufbau deiner Marke helfen können:

1. Professionalität: Eine gut gestaltete Webseite vermittelt Professionalität und Seriosität. Sie zeigt potenziellen Kunden, dass du in deinem Bereich erfahren und kompetent bist.

2. Sichtbarkeit: Mit einer Webseite wirst du im Internet sichtbar und leichter auffindbar für potenzielle Kunden. Eine gute Suchmaschinenoptimierung (SEO) kann dazu beitragen, dass deine Webseite in den Suchergebnissen besser platziert ist und somit mehr Besucher anzieht.

3. Portfolio und Referenzen: Eine Webseite ermöglicht es dir, deine bisherigen Arbeiten und Projekte in Form eines Portfolios zu präsentieren. So können potenzielle Kunden auf einen Blick erkennen, welche Erfahrungen du bereits gesammelt hast und welche Projekte du erfolgreich umgesetzt hast.

4. Kontaktaufnahme: Eine eigene Webseite erleichtert die Kontaktaufnahme für Interessenten. Mit einem Kontaktformular oder einer E-Mail-Adresse auf deiner Webseite gibst du potenziellen Kunden eine einfache Möglichkeit, dich direkt anzusprechen.

5. Selbstmarketing: Eine Webseite ist eine hervorragende Plattform, um dich und deine Dienstleistungen zu präsentieren. Du kannst deine Expertise durch Blogbeiträge, Fachartikel oder andere Inhalte unter Beweis stellen und so dein Fachwissen und deine Erfahrung in den Vordergrund stellen.

In einigen Branchen mag es weniger relevant sein, eine eigene Webseite zu haben. In solchen Fällen könnten alternative Online-Präsenzen wie Social-Media-Profile oder Plattformen für Freelancer ausreichen. In den meisten Fällen ist jedoch eine eigene Webseite ein wichtiger Baustein für den Erfolg als Freelancer.

Welche Möglichkeiten gibt es für die Erstellung einer Homepage?

Es gibt verschiedene Möglichkeiten, eine Homepage für Freelancer zu erstellen. Die beiden gängigsten Ansätze sind die Verwendung von Baukastensystemen und das selbständige Aufsetzen der Webseite.

1. Baukastensysteme bieten eine benutzerfreundliche Lösung, um eine Webseite zu erstellen, ohne dass man Programmierkenntnisse benötigt. Diese Systeme bieten vorgefertigte Templates und Drag-and-Drop-Funktionen, mit denen man einfach und schnell eine ansprechende Webseite erstellen kann. Bekannte Anbieter von Baukastensystemen sind beispielsweise Wix, Weebly oder Jimdo. Der Vorteil von Baukastensystemen liegt in der einfachen Handhabung und der Möglichkeit, schnell Ergebnisse zu erzielen. Allerdings kann es sein, dass man bei der Gestaltung und den Funktionen eingeschränkt ist, je nachdem, welche Vorlagen und Optionen der jeweilige Anbieter bereitstellt.

2. Das selbständige Aufsetzen einer Webseite erfordert mehr technisches Wissen, bietet aber auch größere Flexibilität und Anpassungsmöglichkeiten. Dabei kann man auf Content-Management-Systeme (CMS) wie WordPress, Joomla oder Drupal zurückgreifen, die eine Vielzahl von Plugins und Themes zur Verfügung stellen, um die Webseite nach eigenen Wünschen zu gestalten. Bei dieser Variante hat man die volle Kontrolle über das Design und die Funktionen der Webseite, muss jedoch auch mehr Zeit und Arbeit in die Erstellung und Pflege investieren.

Letztendlich hängt die Entscheidung für eine der beiden Optionen von den persönlichen Anforderungen, Fähigkeiten und Präferenzen ab. Während Baukastensysteme eine unkomplizierte Lösung bieten, ermöglicht das selbständige Aufsetzen einer Webseite eine größere Gestaltungsfreiheit und Individualisierung.

Was sollte ich bei der Auswahl eines Dienstleister für den Webauftritt beachten?

Bei der Auswahl eines Dienstleisters für die Erstellung deiner Freelancer-Webseite solltest du einige wichtige Faktoren berücksichtigen, um sicherzustellen, dass du den richtigen Partner für dein Projekt findest:

1. Erfahrung und Fachwissen: Informiere dich über die Erfahrung und das Fachwissen des Dienstleisters. Achte darauf, dass der Anbieter über ausreichend Erfahrung in der Erstellung von Webseiten für Freelancer oder in deiner Branche verfügt.

2. Portfolio und Referenzen: Schaue dir das Portfolio des Dienstleisters an und prüfe, ob der Stil und die Qualität der bisherigen Arbeiten deinen Erwartungen entsprechen. Du kannst auch nach Referenzen oder Kundenbewertungen suchen, um ein besseres Bild von der Zufriedenheit bisheriger Kunden zu erhalten.

3. Kommunikation und Zusammenarbeit: Achte darauf, dass die Kommunikation mit dem Dienstleister reibungslos und effizient verläuft. Eine gute Zusammenarbeit und ein offener Austausch sind entscheidend für den Erfolg deines Projekts.

4. Preis und Leistung: Vergleiche die Preise und Leistungen verschiedener Anbieter, um das beste Preis-Leistungs-Verhältnis für dein Projekt zu finden. Achte darauf, dass alle wichtigen Leistungen im Angebot enthalten sind und es keine versteckten Kosten gibt.

5. Flexibilität und Anpassungsfähigkeit: Der Dienstleister sollte flexibel und anpassungsfähig sein, um auf deine individuellen Anforderungen und Wünsche eingehen zu können. Dies ist besonders wichtig, wenn du spezielle Funktionen oder Designelemente für deine Webseite benötigst.

6. Support und Wartung: Informiere dich über den Support und die Wartungsleistungen, die der Dienstleister anbietet. Eine gute Betreuung nach der Fertigstellung der Webseite ist wichtig, um sicherzustellen, dass deine Seite stets aktuell und funktionsfähig bleibt.

Indem du diese Faktoren bei der Auswahl eines Dienstleisters berücksichtigst, kannst du sicherstellen, dass du den richtigen Partner für die Erstellung deiner Freelancer-Webseite findest und ein erfolgreiches Projekt realisieren kannst.

Wieviel kostet die Online-Präsenz?

Die Kosten für eine Website können stark variieren, je nachdem, welche Anforderungen du hast, welche Technologien verwendet werden und ob du die Website selbst erstellst oder einen Dienstleister beauftragst. Hier sind einige Richtwerte, um dir einen Überblick über die möglichen Kosten zu geben:

Wenn du einen Website-Baukasten wie Wix, Squarespace oder Jimdo verwendest, liegen die Kosten meist zwischen 10 und 50 Euro pro Monat, abhängig vom gewählten Tarif. Diese Tarife enthalten in der Regel Hosting, Domain, SSL-Zertifikat und einige zusätzliche Funktionen wie E-Mail-Adressen oder E-Commerce-Integrationen.

Soweit du ein Content Management wie WordPress, Joomla oder Drupal verwendest, variieren die Kosten abhängig von den benötigten Plugins, Themes und dem Hosting. Für Hosting und Domain sind in der Regel 5 bis 30 Euro pro Monat einzuplanen. Hinzu kommen eventuell Kosten für Premium-Themes oder Plugins, die einmalig oder jährlich anfallen können.

Und falls du eine maßgeschneiderte Website von einem Webdesigner oder einer Agentur erstellen lässt, liegen die Kosten in der Regel höher. Je nach Komplexität und Umfang des Projekts können die Preise von einigen hundert bis zu mehreren tausend Euro reichen. In diesem Fall solltest du ein individuelles Angebot einholen, um die genauen Kosten zu erfahren.

Bitte beachte, dass dies nur grobe Richtwerte sind und die tatsächlichen Kosten von vielen Faktoren abhängen, wie der Größe und Komplexität deiner Website, dem benötigten Funktionsumfang und den gewählten Technologien.

Es ist empfehlenswert, mehrere Angebote einzuholen und sorgfältig zu vergleichen, bevor du dich für eine Lösung entscheidest.

Wie und wo finde ich einen günstigen Dienstleister, wenn ich die Website erstellen lasse?

Um einen preisgünstigen Dienstleister für die Erstellung deiner Webseite zu finden, kannst du folgende Schritte unternehmen:

1. Empfehlungen einholen: Frage Freunde, Familie oder Kollegen, ob sie jemanden empfehlen können, der gute Arbeit zu einem fairen Preis anbietet. Mundpropaganda ist oft der beste Weg, um einen vertrauenswürdigen und preisgünstigen Dienstleister zu finden.

2. Online-Recherche: Durchsuche das Internet nach Webdesignern oder Agenturen in deiner Region oder in Ländern, in denen die Kosten für Webdesign-Dienstleistungen tendenziell niedriger sind. Vergleiche die Preise, Portfolios und Kundenbewertungen, um die besten Optionen zu identifizieren.

3. Freelancer-Plattformen: Nutze Plattformen wie Upwork, Freelancer oder Fiverr, um Freelancer mit unterschiedlichen Preisgestaltungen und Erfahrungsniveaus zu finden. Du kannst Jobangebote erstellen und potenzielle Dienstleister auffordern, Angebote abzugeben, um den besten Kandidaten für dein Budget und deine Anforderungen zu finden.

4. Social Media und Foren: Schau dich in Fachgruppen auf Facebook, LinkedIn oder branchenspezifischen Foren um. Oftmals bieten Freelancer und Agenturen ihre Dienstleistungen dort an oder du kannst gezielt nach Empfehlungen fragen.

5. Lokale Angebote: Prüfe lokale Kleinanzeigen, Branchenbücher oder Anzeigen in Zeitungen, um Webdesigner oder Agenturen in deiner Nähe zu finden. Manchmal können lokale Anbieter günstigere Preise bieten, da sie keine hohen Overhead-Kosten haben.

Beachte jedoch, dass ein niedriger Preis nicht immer die beste Qualität garantiert. Es ist wichtig, die Qualität der Arbeit, die Erfahrung und die Referenzen des Dienstleisters zu berücksichtigen, bevor du eine Entscheidung triffst. Achte darauf, dass der Anbieter deine Anforderungen versteht und in der Lage ist, eine Website zu erstellen, die deinen Bedürfnissen entspricht und langfristig erfolgreich ist.

Was genau sollte ich auf meiner Website zeigen und schreiben?

Deine Website sollte als persönliche Visitenkarte und Portfolio dienen, um potenziellen Kunden einen Einblick in deine Fähigkeiten und Erfahrungen als Freelancer zu geben. Hier sind einige Elemente, die du auf deiner Website berücksichtigen solltest:

1. Über mich/Über uns: Eine persönliche Vorstellung, in der du dich und deine Arbeitsweise kurz beschreibst. Erkläre, was dich von anderen Freelancern unterscheidet und warum Kunden mit dir zusammenarbeiten sollten.

2. Dienstleistungen: Liste die Dienstleistungen auf, die du anbietest, und beschreibe kurz, was Kunden von dir erwarten können. Wenn du auf bestimmte Branchen oder Fachgebiete spezialisiert bist, hebe diese hervor.

3. Portfolio/Referenzen: Zeige Beispiele deiner Arbeit, wie Projekte, die du abgeschlossen hast, oder Kunden, mit denen du zusammengearbeitet hast. Füge Testimonials oder Kundenbewertungen hinzu, um deine Erfolge zu untermauern.

4. Ausbildung und Qualifikationen: Stelle deine akademischen Abschlüsse, Zertifizierungen und beruflichen Weiterbildungen vor, um deine Fachkompetenz zu demonstrieren.

5. Preise (optional): Du kannst eine Preisübersicht oder Preisgestaltungspakete angeben, um Kunden eine Vorstellung von den Kosten deiner Dienstleistungen zu geben. Dies kann jedoch auch weggelassen werden, wenn du lieber individuelle Angebote erstellst.

6. Arbeitsprozess und eingesetzte Software: Beschreibe, wie du typischerweise an Projekten arbeitest und welche Tools oder Software du verwendest. Dies kann potenziellen Kunden helfen, sich ein Bild von deiner Arbeitsweise zu machen.

7. Persönliche Stärken und Vorlieben: Hebe hervor, was du besonders gut kannst und welche Art von Projekten oder Aufgaben du bevorzugst. Dies hilft Kunden, die richtige Person für ihr Projekt zu finden.

8. Kontaktinformationen: Gib klar und deutlich an, wie potenzielle Kunden dich erreichen können, z.B. per E-Mail, Telefon oder über ein Kontaktformular.

9. Blog oder Aktuelles (optional): Ein Blog oder News-Bereich kann hilfreich sein, um deine Expertise in deinem Fachgebiet zu demonstrieren und aktuelle Informationen oder Branchentrends zu teilen.

Denke daran, dass deine Website klar, professionell und benutzerfreundlich gestaltet sein sollte. Achte auf ansprechendes Design, gut strukturierte Inhalte und eine einfache Navigation, um Besuchern ein positives Nutzungserlebnis zu bieten.

Kapitel 5

So berechnet ihr eure Honorare richtig

Euer Honorar als Freiberufler oder Selbstständiger wird maßgeblich über euren Erfolg bestimmen. Verlangt ihr zuviel, seid ihr gegenüber Konkurrenten eventuell nicht marktfähig – verkauft ihr euch unter Wert, wird sich das mittelfristig in euer Gesamtbilanz negativ auswirken.

Ihr solltet also schon früh bei der Gründung – und für den Businessplan braucht ihr die Einnahmenseite auch schon – euch Gedanken über eure Honorarhöhe machen.

Honorarberechnung Freelancer – die Keyfacts

Es gibt eine ganze Reihe von Faktoren, die alle in eurer Honorarberechnung als Freelancer berücksichtigt werden müssen.

Bedenkt euren administrativen Aufwand, der sich aus der Selbstständigkeit ergibt.

- Euer hoher zeitliche Aufwand für Akquise, Angebotserstellung, Terminplanung, Kommunikation mit Dienstleistern und Subunternehmern und die ganzen Abläufe von Abrechnung bis Buchhaltung und Steuer.
- Auch das Netzwerken, Teil der Akquise, kostet Geld aber vor allem Zeit: Euren Aufwand für die Erstellung und Wartung der eigenen Website und anderer Marketingmaßnahmen solltet ihr ebenfalls mitkalkulieren.
- Im Tagesgeschäft eines Freelancers sind viele Aufgaben, die nicht direkt mit einem Auftrag verbunden sind – aber eben doch gemacht werden müssen. Eure Geschäftsabläufe, vom Lesen & Beantworten der Emails bis zur Wartung eurer Betriebsanlagen (und wenn es nur das Windows- oder Mac-Update auf eurem Rechner ist) kosten ebenfalls Zeit und Geld. Übrigens: Erfahrungen zeigen, dass dieser zeitliche Aufwand üblicherweise bei bis zu 40 Prozent eurer Arbeitszeit liegen kann.
- Dazu gehört auch, dass ihr euch beinahe täglich auch über den aktuellen Stand der Technik, die rechtlichen Rahmenbedingungen und

relevanten politischen Entscheidungen (aktuell etwa die Corona-bedingten Schliessungen) informieren müsst. Auch das kostet Zeit.

Achtet auf die Kosten, die ihr durch eure Freelancer-Tätigkeit habt.

Ihr müsst ebenfalls wissen, wie viel Geld ihr eigentlich ausgeben müsst, um eurer Tätigkeit überhaupt nachgehen zu können. Diese Kostenseite wird ganz maßgeblich darüber entscheiden, wieviel ihr verdienen müsst, um am Ende auch ein positives Betriebsergebnis zu haben. Deshalb berechnet, welche

- laufende Kosten für Büromiete, Geschäftsausstattung (Möbel, Betriebsmittel etc),
- Kosten für Kommunikation (Telefon- Handy- und Internetverträge),
- Ausgaben für Verbrauchsmaterialien, Software-Ausstattung, Wartung und Instandhaltung,
- Kosten für Steuerberater, Rechtsanwalt, Gewerbeversicherungen,
- Rücklagen für Neuanschaffungen, in die ihr absehbar investieren müsst,
- Kosten für Fort- und Weiterbildungen, für Fachliteratur und Seminare inklusive der Fahrt- und Reisekosten
- Ausgaben für Angestellte, Subunternehmer, weitere Dienstleister und
- die betriebliche Steuerbelastung

auf euch zukommen.

Nicht Vergessen: Eure persönlichen Kosten

Und natürlich wollt ihr nicht nur, dass eure Einnahmen die Kosten des Betriebes decken – ihr wollt von eurer Arbeit auch euer Leben finanzieren.

Außerdem müsst ihr Steuerrücklagen (etwa für eure Einkommenssteuer) bilden, habt persönliche Versicherungen, tragt die Sozialversicherungen für euch selbst, müsst euch selbst (privat) krankenversichern und euch um eure Altersvorsorge kümmern.

Kosten und Aufwand nicht unterschätzen

Klar, wenn ihr versuchen wollt, euren Honorarsatz so gering wie möglich zu bekommen, um im Markt starten zu können ... dann liegt es nahe, etwa auf Kosten für Weiterbildung einfach zu verzichten. Muss ja nicht.

Doch Vorsicht: Das mag zu Beginn noch funktionieren, aber ihr wollt ja auch dauerhaft bestehen. Und dann kommt ihr um Weiterbildung nicht drumrum.

Ein paar Fakten aus dem Kompass, die ihr bei eurer Planung beachten solltet:

- 68 % der Befragten sehen in der Akquise die größte Herausforderung
- 83 % führen ihren Erfolg auf Fachwissen zurück
- 55 % nennen als größten eigenen Gründerfehler einen zu geringen Stundensatz
- 27 Urlaubstage nehmen Freelancer im Durchschnitt
- 998 € monatlich werden für Altersvorsorge zurückgelegt

Eine erste wichtige Entscheidung für das Honorar, dass ihr für eure Leistung verlangen wollt, ist die Frage, ob ihr nach Stunden, Tagen oder pauschal berechnet.

Freelancer Honorar nach Stundensatz berechnen

Ein Stundensatz ist gängig. Die Vorteile:

- 90 Euro/Stunde klingt erstmal weniger als 720 Euro/Tag
- Kunden können sehr genau euer Zeitinvest nachvollziehen
- ihr seid flexibel bezüglich zu neuen Details und Anforderungen des Auftrages

Die Nachteile sind allerdings nicht zu unterschätzen:

- administrative Arbeiten und Kosten (siehe oben) müssen im Stundensatz integriert werden
- Zeitmanagement und Zeiterfassung muss auftragsgenau erfolgen
- Kunden wünschen sich eigentlich eine Budgetplanung, ihr seid in der Verantwortung, dass das Budget nicht überstiegen wird

In jedem Falle solltet ihr ein gutes System zur Zeiterfassung gleich zu Beginn in euren Arbeitsalltag integrieren. Das geht heute auch in Form einer mobilen Zeiterfassung per App.

Freelancer Honorar nach Tagessätzen berechnen

Auch Tagessätze sind üblich. Sie geben euch ein bisschen mehr Freiheit in der Arbeitszeit-Planung und könnt in einen Arbeitstag auch die unproduktive Arbeitszeit (etwa für alle die Arbeiten, die zur Koordination eures Unternehmens zählen) unterbringen. Auf der anderen Seite ist der Arbeitstag für den Kunden nicht ganz so leicht nachvollziehbar. Heisst denn ein Tagessatz dann 8 Stunden durchknüppeln? Habt ihr Pausen hinein oder herausgerechnet? Und was passiert, wenn ihr nur halbe Tage daran arbeitet oder gar nur mal eine Stunde Meeting abrechnen wollt?

Modernes Pricing für Freelancer: das Festpreismodell

Beim Festpreismodell schätzt ihr die kompletten Kosten eines Projektes. Dafür müsst ihr die Anzahl der für das Projekt erforderlichen Stunden und euren Stundensatz berechnet und ermittelt daraus einen Gesamtpreis.

Die Vorteile eines festen Honorars:

- In jedem Falle freuen sich Kunden über das Modell, denn sie können mit einem festen Budget rechnen.
- Ihr habt erst einmal einen klaren Budgetrahmen und müsst nicht jede (zusätzliche) Stunde rechtfertigen.

Tatsächlich argumentieren einige, dass das Stundenmodell rein psychologisch nicht für moderne Freelancer passt. Denn es basiert letztlich auf dem Verkauf seiner Arbeitsstunden, ist also dem „Tagelöhner"-Prinzip entsprechend. Nicht die eigentliche Leistung (eure kreative Dienstleistung) sondern eure Zeit wird bezahlt.

Die Wertschätzung eurer tatsächlichen Leistung würde sich steigern, wenn Kunden für das Ergebnis bezahlen und nicht für eure Arbeitszeit. Mag sein.

Tatsächlich hat das Festpreismodell aber auch einige praktische Nachteile:

- Ändern sich die Projektanforderungen, müsst ihr entweder die Mehrarbeit ohne weiteres Honorar leisten oder mit dem Kunden nachverhandeln.

- Ihr müsst viel Projekterfahrung besitzen, damit eure Schätzung realistisch ist.
- Sehr klare Kommunikation schon bei Auftragserteilung: Euer Projektmanagement benötigt ein detailiertes Lasten- und Pflichtenheft.

Klarzahlen – so berechnet ihr euer Honorar

Im Idealfall würdet ihr alle Kosten, die ihr wie oben beschrieben, berechnet habt zusammenrechnen, dazu das Unternehmergehalt und dann diese diese Kostenseite auf den einzelnen Arbeitstag herunterrechnen bzw. auf die einzelne Arbeitsstunde.

Ein Tipp: Das solltet ihr auf jeden Fall auch mal tun – denn mit dem Wissen um euer Idealhonorar könnt ihr auch besser abschätzen, wie effizient ihr arbeitet.

Idealhonorar berechnen

So berechnet ihr euer Idealhonorar, folgende Daten braucht ihr:

Alle Kosten (inkl. Gehalt) im Jahr / Potenzielle Arbeitstage (365 Kalendertage pro Jahr – 104 Tage Wochenenden – 13 Feiertage – 20 Urlaubstage – 12 (durchschnittliche) Krankheitstage – 5 (durchschnittliche) Kinderkrankheitstage) = Tagessatz

Recherche: Freelancer Honorare im Markt checken

Es wäre toll, wenn ihr auf dem Wege des Idealhonorares auch tatsächlich eure Honorarforderungen an eure Kunden berechnen könntet. Es mag ganz besondere Dienstleistungen geben, bei denen ihr mit der Preisgestaltung ganz frei seid. In der Regel aber müsst ihr im Auge behalten, welche Preise im Markt tatsächlich bezahlt werden – sprich, was eure Konkurrenz verlangt.

Dabei können direkte Vergleiche mit freiberuflichen Kollegen euch ebenso helfen wie Studien und Marktanalysen.

Kapitel 6

Vermarkte dein Unternehmen

Dein eigener Chef zu sein bedeutet, dass es ganz allein an dir liegt, die Aufträge zu finden, die du als Freiberufler:in erledigen möchtest, zu den Preisen, die du verlangen möchtest. Wenn du bereits deine Nische gefunden und deine Website gestaltet hast, möchtest du wahrscheinlich unbedingt Kundschaft für deine Freiberuflichkeit finden, um deine Karriere voranzubringen. Es gibt verschiedene Möglichkeiten, als Freiberufler:in Aufträge zu bekommen. Bei allen geht es darum, einfallsreich, kontaktfreudig und proaktiv zu sein.

Im Folgenden erfährst du, wie du durch die Vermarktung deines freiberuflichen Unternehmens und den Ausbau deines Empfehlungsnetzwerks Aufträge als Freiberufler:in findest – und was du beachten solltest, wenn du deinen ersten Kunden oder deine erste Kundin gewinnen möchtest.

1. Vermarkte dein Unternehmen

Bevor du dich potenziellen Kund:innen vorstellst, solltest du unbedingt deine Online-Präsenz aufbauen und eine Strategie für die Vermarktung deines freiberuflichen Unternehmens entwickeln. Wenn du eine aussagekräftige Online-Präsenz aufbaust und pflegst, ist es für potenzielle Kund:innen einfacher, dich zu finden und sich mit deiner Marke vertraut zu machen, bevor sie dich kontaktieren. Wenn du eine aktuelle Website betreibst, ist es für deine Bestandskundschaft außerdem einfacher, dich für zukünftige Projekte im Auge zu behalten oder dich an jemanden aus ihrem Netzwerk weiterzuempfehlen.

• Content Marketing

Der persönliche Kontakt zu deinen Kund:innen ist entscheidend für die Mundpropaganda. Es ist jedoch auch wichtig, diese Interaktionen durch skalierbare Lösungen wie Content Marketing zu ergänzen. Wichtige Ansatzpunkte sind beispielsweise die Einrichtung eines Blogs auf deiner Website oder die Einführung eines Newsletters. Du könntest auch Podcasts machen. Entweder du entwickelst deine eigenen Inhalte oder du gehst eine strategische Partnerschaft mit anderen in deiner Branche ein, um Gastauftritte in deren Programmen zu bekommen. Unabhängig davon, für welche Option du dich entscheidest, besteht das Ziel darin, Inhalte zu erstellen, die für deine Zielgruppe wertvoll sind und viele Menschen auf einmal erreichen können.

2. Dein Empfehlungsnetzwerk nutzen

Die nächste Möglichkeit, freiberufliche Aufträge zu bekommen, ergibt sich aus etwas, das jeder in seinem Leben bereits aufgebaut hat: Ein Netzwerk – das ist buchstäblich jeder, zu dem du in irgendeiner Form eine positive Beziehung aufgebaut hast.

Dein Netzwerk kann beispielsweise aus folgenden Personen bestehen:

- Ehemaligen Kolleg:innen
- Anderen Fachleute in deinem Bereich
- Follower in sozialen Netzwerken
- Familienmitglieder
- Nachbar:innen
- Freund:innen
- Freund:innen von Freund:innen

Manche dieser Personengruppen in deinem Netzwerk weisen möglicherweise mehr Potential für qualifizierte Leads auf als andere. Cousins oder Cousinen von dir sind vielleicht stolz darauf, dass du den Schritt in die Selbstständigkeit wagst, wissen aber nicht genau, was du tust oder wie sie einschätzen können, ob die Menschen, die sie kennen, deine Dienstleistungen benötigen oder nicht. Ehemalige Kolleg:innen hingegen kennen sich vielleicht besser mit deinen Kompetenzen aus und verfügen über entsprechende Kontakte in ihrem erweiterten Netzwerk.

An dieser Stelle ist es wichtig, darauf hinzuweisen, wie du dich auf deiner Freelance-Website und auf anderen Plattformen vermarktet hast: Achte darauf, dass deine Dienstleistungen für jeden zugänglich sind und problemlos angeboten werden können. Du könntest beispielsweise „Werbetexter:in für Websites mit hoher Conversion-Rate" oder „Tierportraitfotograf:in mit einem ausgezeichneten Auge fürs Detail" sein. Sorge dafür, dass du auf deiner Website und in deinen sozialen Kanälen einen Slogan oder eine Kurzbeschreibung deiner Dienstleistungen veröffentlichst, damit dein Netzwerk bei Bedarf leicht auf diese Informationen verweisen kann.

Über dein bestehendes Netzwerk hinaus solltest du proaktiv nach Möglichkeiten suchen, um dein Empfehlungsnetzwerk zu erweitern:

• Andere Freiberufler:innen. Baue dein Empfehlungsnetzwerk auf, indem du Beziehungen zu anderen Freiberufler:innen in deiner Branche pflegst. Vor allem zu solchen, die sich auf andere Bereiche spezialisiert haben. Wenn du beispielsweise E-Mail-Marketing-Expert:in bist und dich mit Social-Media-Expert:innen zusammentust, könnt ihr euch gegenseitig helfen, indem ihr Kund:innen weiterempfehlt, die Freiberufler:innen in der jeweiligen Nische des anderen suchen.

• Webinare, Konferenzen oder andere Veranstaltungen. Besuche Veranstaltungen, die sich mit Freiberufler:innen oder der Branche befassen, damit du mit mehr Menschen in Kontakt kommst, die dich weiterempfehlen könnten. Sende den Menschen, mit denen du Kontakt aufnehmen möchtest, Anfragen über soziale Medien, stelle dich und dein Unternehmen vor und erinnere sie daran, wo ihr euch kennengelernt habt.

• Ehemalige oder aktuelle Kundschaft. Wenn du gerade erst mit der freiberuflichen Tätigkeit beginnst, trifft das vielleicht noch nicht zu. Aber es ist wichtig, dass du es vom ersten Tag an im Hinterkopf behältst. Kund:innenempfehlungen gehören in der Regel zu den qualifiziertesten Leads, die du bekommen kannst. Im Hinblick auf neue Kund:innen, die von früheren Kund:innen an dich verwiesen werden, besteht in der Regel eine grundlegende gegenseitige Vertrauensbasis, da sowohl du als auch der neue Kunde oder die neue Kundin den Aussagen deines früheren Kunden oder deiner früheren Kundin vertrauen.

Ganz gleich, wie du Empfehlungen erhältst: Mit einer Online-Terminplanungssoftware wie Acuity Scheduling kannst du ganz einfach einen Termin mit den betreffenden Personen vereinbaren. Während du für alle terminbasierten Dienstleistungen (z. B. Fotoshootings oder Coaching-Gespräche) ein Honorar verlangst, kannst du mit Online-Terminplanern auch ganz einfach kostenlose Einführungs- oder Netzwerkgespräche vereinbaren.

Bei der Online-Terminvereinbarung musst du lediglich angeben, zu welchen Tageszeiten du für derartige Anrufe zur Verfügung stehst. In dem Terminplaner werden ausschließlich diese Zeiten angezeigt, wenn jemand versucht, einen Termin mit dir zu vereinbaren. Du musst nicht mehr per E-Mail fragen: „Wann passt es Ihnen?", oder dich darum kümmern, dass jemand in der Zeit, die du für etwas anderes vorgesehen hast, einen Anruf mit dir vereinbart. Du kannst ausgewählten Personen direkt einen individuellen Terminplanungslink schicken oder sie über deine Website oder die Buchungsoptionen in den sozialen Medien selbst einen Termin vereinbaren lassen.

3. Suche nach Aufträgen für Freiberufler:innen

Abgesehen von Empfehlungen und sozialen Netzwerken beginnen viele Freiberufler:innen damit, potenzielle Kund:innen per E-Mail anzusprechen oder auf beliebten Plattformen für Freiberufler:innen nach Arbeit zu suchen.

- Kaltakquise

Wenn du online Kontakt zu lokalen Unternehmen oder Unternehmern aufnimmst, von denen du glaubst, dass sie von deinen Dienstleistungen profitieren würden, nennt man das Kaltakquise oder Kaltanrufe. Wenn es zum Beispiel Massagetherapeut:innen in deiner Nähe gibt, die noch keine Website haben, könntest du ihnen per E-Mail anbieten, ihnen dabei zu helfen, ihr Unternehmen zu optimieren, indem du ihnen deine Kompetenzen als Webentwickler:in anbietest. Achte aber darauf, dass du deine Schreiben immer persönlich gestaltest, statt Serienbriefe zu verschicken, die wie Spam wirken könnten. Mache deutlich, warum dich ihr Unternehmen besonders beeindruckt und welchen Bedarf deine Dienstleistungen decken würden. Verweise auf deine Expertise, indem du dein Portfolio auf der Website vorstellst. Es sollte jedoch nie nur um dich gehen – der Schwerpunkt sollte auf dem Geschäftsbedarf der potenziellen Kund:innen liegen und darauf, wie sie von deinen Dienstleistungen profitieren würden.

- Freelance-Marktplätze

Auf beliebten Freelance-Marktplätzen kannst du dein eigenes Freelance-Profil erstellen und zahlreiche Projektausschreibungen von Kund:innen aus allen möglichen Branchen durchsuchen oder dich über diese benachrichtigen lassen. Dieser Weg kann ein unkomplizierter Einstieg in die freiberufliche Tätigkeit sein. Bedenke jedoch, dass Freelance-Marktplätze in der Regel Gebühren für die Vermittlung von Aufträgen verlangen. Wenn du stattdessen Kund:innen für freiberufliche Dienstleistungen direkt über deine anderen Kanäle finden kannst, musst du kein Geld bezahlen, um Geld zu verdienen.

Dennoch sind einige branchenspezifische Marktplätze wie Squarespace Circle für Webdesigner:innen von Vorteil, um mit erstklassigen Kund:innen in Kontakt zu treten und eine Gemeinschaft mit Gleichgesinnten in der Branche aufzubauen, um Wissen auszutauschen und Empfehlungen auszusprechen und zu erhalten.

4. Beauftragung durch deinen ersten Kunden oder deine erste Kundin

Wenn du dich mit einem potenziellen Kunden oder einer potenziellen Kundin gut verstanden hast und ihr euch einig seid, dass ihr zusammenarbeiten möchtet, solltet ihr vier wichtige Schritte befolgen, um die Erwartungen an eure Arbeitsbeziehung zu bestimmen und euch beide rechtlich abzusichern.

1. Klärung des Projektumfangs. Verpflichtest du dich zu einem Projekt oder zu regelmäßigen Arbeitseinsätzen? Sorge dafür, dass der Umfang des Projekts sowohl für dich als auch für den Kunden oder die Kundin ganz klar ist und halte dies schriftlich fest. Wenn du zum Beispiel Content Writer bist, könnte der Umfang eines Projekts drei Blogbeiträge mit 1.000 Wörtern und maximal zwei Überarbeitungsvorgänge innerhalb von zwei Wochen nach Lieferung der ersten Entwürfe umfassen. Wenn du so genau formulierst, kannst du deine Zeit besser einteilen, Erwartungen festlegen und erkennen, wann ein Kunde oder eine Kundin etwas verlangt, das den Rahmen sprengt. In diesem Fall sollte ein neuer Vertrag und eine neue Vergütungsvereinbarung erstellt werden.

2. Lege einen Zeitplan für das Projekt fest. Wie beim Projektumfang solltest du auch bei der Festlegung des Zeitplans so deutlich wie möglich kommunizieren. Vielleicht gibt es eine Frist oder mehrere Fristen. In jedem Fall solltest du sicherstellen, dass deine Erwartungen mit denen deines Kunden oder deiner Kundin übereinstimmen.

3. Honorarvereinbarung. Überlege dir, welcher Tarif und welche Abrechnungsmodalitäten für das Projekt oder die regelmäßige Zusammenarbeit mit diesem Kunden oder dieser Kundin am sinnvollsten sind. Es könnte sinnvoll sein, einen Festpreis zu berechnen, bei dem die Hälfte im Voraus und die andere Hälfte innerhalb von 30 Tagen nach Lieferung bezahlt wird. Vielleicht wäre es aber sinnvoller, wenn du einen Stundensatz berechnest und den Kunden oder die Kundin mit Schätzungen darüber auf dem Laufenden

hältst, wie lange du für das Projekt brauchen wirst. Stimme dich immer genau ab, bevor du mit der Arbeit beginnst.

4. Vertragsabschluss. Je nach Unternehmen oder Person bist du dafür zuständig, den Vertrag zu verfassen, oder das Unternehmen möchte diesen Prozess selbst übernehmen. In jedem Fall ist es wichtig, dass du für deine Rechte eintrittst und sicherstellst, dass der Vertrag ein paar wichtige Informationen enthält: Dein Honorar, deinen Eiltarif, deine Zahlungsfristen, eventuelle Säumnisgebühren, den Umfang der von dir zu erbringenden Leistungen und alle Fristen für diese Leistungen. Außerdem ist es üblich, dass du dir von deinen Kund:innen das Recht gewähren lässt, Arbeitsproben auf deiner Portfolio-Website zu veröffentlichen.

5. Kund:innenbeziehungen pflegen

Die beste Möglichkeit, um dir ein starkes Fundament für deine freiberufliche Tätigkeit zu schaffen, besteht darin, enge und dauerhafte Beziehungen zu deinen Kund:innen zu pflegen. Sobald du deine ersten Kund:innen gewonnen hast, solltest du die folgenden Tipps beachten, um Vertrauen aufzubauen und einen guten Ruf bei ihnen aufzubauen:

- Verhalte dich professionell, freundlich und kohärent in Bezug auf deine Kommunikation. Dazu gehört, dass du (in angemessenem Rahmen während der Arbeitszeit) schnell reagierst, rücksichtsvoll und zuverlässig bist. Wenn du sagst, dass du etwas zu einer bestimmten Zeit erledigen wirst, können deine Kund:innen darauf zählen, dass du es auch tust.

- Liefere ausgezeichnete Arbeit ab und übertreffe dich, wann immer es möglich ist. Achte jedoch darauf, dass du dich nicht unter Wert verkaufst, indem du Arbeiten erledigst, die über den vereinbarten Projektumfang hinausgehen. Stattdessen könntest du bei der Problemlösung proaktiv sein, relevante Vorschläge für das Unternehmen der Kund:innen machen oder Projekte frühzeitig abschließen, sofern dies möglich ist.

- Nimm konstruktives Feedback zu deiner Arbeit dankbar an. Niemand arbeitet gerne mit Menschen zusammen, die abwehrend reagieren oder konstruktive Kritik persönlich nehmen. Sei stolz darauf, dass du dein Bestes gegeben hast, aber nimm das Feedback als Chance wahr, deine Kompetenzen weiter auszubauen und für die Kund:innen die bestmögliche Arbeit abzuliefern. Wenn du für Kund:innen gute Arbeit leistest, kannst du Kompetenzen erwerben und Selbstvertrauen aufbauen. Beides wird dir bei der Zusammenarbeit mit den nächsten Kund:innen behilflich sein.

Wenn du dir diese Verhaltensweisen angewöhnst, sorgst du dafür, dass man sich besser an dich erinnert. Gleichzeitig baust du dir einen Ruf als effektive:r, zuverlässige:r Partner:in auf, mit dem oder der man gerne zusammenarbeitet. Wenn dir das gelingt, bist du schon auf dem besten Weg, ein Netzwerk von Kund:innen aufzubauen, die dich weiterempfehlen, ohne dass du sie direkt um Empfehlungen bitten musst. Trotzdem ist es sinnvoll, deine Kund:innen behutsam daran zu erinnern, dass dein Unternehmen auf Empfehlungen angewiesen ist. Es wäre also hilfreich, wenn sie dich im Hinterkopf behalten, wenn in ihrem Netzwerk Bedarf an einer Dienstleistung entsteht, die du anbietest.

Auch nach Abschluss deiner Zusammenarbeit mit Kund:innen ist es wichtig, bei den Kund:innen weiterhin präsent zu bleiben. Wenn du deine Kund:innen als Beziehungen (und nicht als geschäftliche Transaktionen) behandelst, verbessert sich dadurch dein Ruf und diese Kund:innen empfehlen oder beauftragen dich gegebenenfalls nochmal. Vielleicht bleibst du mit ihnen in Kontakt, indem du ihnen empfiehlst, dir in den sozialen Medien zu folgen oder deinen Newsletter zu abonnieren. Oder du setzt dir persönliche Erinnerungen, um diese Kund:innen regelmäßig zu kontaktieren und zu sehen, wie es ihnen und ihren Unternehmen geht. Wenn du dich menschlich und professionell verhältst, wirst du mit größerer Wahrscheinlichkeit auch Kund:innen gewinnen, die sich so verhalten.

Unabhängig davon, wie du neue Kund:innen findest, solltest du immer ein Auge auf Warnsignale haben. Zum Beispiel Unternehmen, deren Glaubwürdigkeit du nicht überprüfen kannst, oder Kund:innen, die ein hohes Arbeitsvolumen innerhalb einer kurzen Bearbeitungszeit für eine geringe Bezahlung verlangen. Denke daran: Du hast die Möglichkeit, die Zusammenarbeit mit Kund:innen aus beliebigen Gründen zu beenden. Deine Zeit ist wertvoll, und du verdienst es, sie mit Kund:innen zu verbringen, die dich und deine Arbeit respektieren.

Kapitel 7

Networking

Als FreiberuflerIn ist das richtige Netzwerk unabdingbar. Dazu gehört eine stetige Strategie: Das Networking. Jeder neue Kontakt bringt ein eigenes Netzwerk mit, auf das Sie bei gutem Networking vertrauen können. Neben dem Aufbau eines freiberuflichen Netzwerks spielt die Kontaktpflege beim Networking eine große Rolle.

Was ist Networking?

Networking ist der Sammelbegriff für das Knüpfen und Pflegen von persönlichen und beruflichen Kontakten. Zum Networking gehören sowohl alltägliche Kontakte, zum Beispiel mit der Nachbarschaft, Arbeitskolleg*innen und der Familie. Besonders wichtig im Freiberufler*innen-Business ist allerdings der Kontakt zu Menschen mit gleichen Interessen, wie beispielsweise IT-, Marketing- oder Technik-Themen. Wenn auf Basis von gemeinsamen Interessen und Aktivitäten ein Netzwerk entsteht, ist die Rede von einem zielgerichteten Networking. Auch berufliche Netzwerke fallen in die Kategorie "zielorientiertes Networking", weil es hier darum geht, sich gegenseitig fachlich zu fördern. Beim Networking geht es demnach nicht nur um den Austausch von Informationen, sondern auch um den Aufbau von langfristigen Beziehungen mit gegenseitigem Nutzen.Jetzt anfordern

Wichtigkeit von Networking

Als Freiberufler*in können Sie das Networking nutzen, um ihren Bekanntenkreis zu erweitern, aber auch, um sich über Projektmöglichkeiten in ihrem Bereich zu informieren. Dabei schärfen Sie Ihr Bewusstsein für Neuigkeiten und Trends in Ihrem Fachbereich. Ein gut ausgebautes Netzwerk unterstützt Sie dabei, sich über aktuelle Ereignisse auf dem Laufenden zu halten. Zudem dient es als Basis zur Entwicklung von Beziehungen, die zukünftige Geschäfts- oder Beschäftigungsaussichten fördern können. Es kann Ihnen zum Beispiel dabei helfen, Möglichkeiten für eine Zusammenarbeit, Partnerschaften oder neue Bereiche zur Erweiterung Ihres Geschäfts zu identifizieren.

Persönliche Weiterentwicklung durch Networking

Außerdem stärken Sie durch Networking Ihr Selbstvertrauen. Je mehr Menschen Sie treffen, desto mehr treten Sie aus Ihrer Komfortzone heraus und bauen unschätzbare soziale Fähigkeiten und Eigenverantwortung auf. Diese Fähigkeiten können Sie während Ihres gesamten Berufslebens nutzen. Des Weiteren bietet Networking Ihnen einen Kanal, über den Sie mehr Wissen erlangen und interessante Menschen aus verschiedenen Bereichen und Sektoren treffen können. Dadurch können Sie Einblicke in verschiedene Schwerpunkte erhalten und erweitern so kontinuierlich Ihre Kompetenzen. Sie können durch ein gut ausgebautes Netzwerk sofortige Unterstützung erhalten. Ratschläge von Kolleg*innen zu erhalten, ist ein wichtiger Vorteil des Networkings. Insbesondere wenn Ihr*e Austauschpartner*in bereits einen ähnlichen Weg durchlaufen hat, den Sie gerade beschreiten. Dabei haben Sie die Möglichkeit, gemeinsame Herausforderungen zu besprechen und sofortiges Feedback und Lösungen zu erhalten.

Großes Netzwerk = mehr Aufträge?

Nachhaltiges Networking kostet Zeit, zahlt sich aber aus: Freelancer*innen, die in stetigem Kontakt und Austausch mit ihren Kunden stehen und ihre Geschäftsbeziehungen pflegen, werden mit großer Wahrscheinlichkeit häufiger für Projekte angefragt. Machen Unternehmen gute Erfahrungen mit freiberuflichen Mitarbeitenden, können sich Empfehlungen im Bekannten- und Kollegenkreis positiv auf die Auftragslage auswirken. Genauso kann es auch andersherum verlaufen: Freiberufliche können Kolleg*innen empfehlen, mit denen sie bereits zusammengearbeitet haben. Gegenseitige Unterstützung kann dabei helfen, das eigene Netzwerk zu vergrößern, außerdem stehen Freelancer*innen oft vor den gleichen Fragen, Problemen und Herausforderungen – wer seine Sorgen teilt, kann von den Lösungen der anderen profitieren.

Professionelle Vermittlung durch Personalberatungen

Es ist jedoch nicht immer leicht, die richtigen Kontakte zu knüpfen. Gerade am Anfang stellt sich häufig die Frage: Wo fange ich überhaupt an? Dann ist es hilfreich, auf ein bestehendes Netzwerk zurückgreifen zu können. Das kann zum Beispiel über kompetente Personalberatungen ablaufen: Sie bringen in der Regel ein weit verzweigtes Netzwerk mit und erfahren oft als Erste, wenn es neue Stellen zu besetzen gibt. Mit ihrer langjährigen Erfahrung und ihrem Feingefühl spüren sie schnell, welche Bewerbung zu welcher Ausschreibung passt. So bringen sie in kürzester Zeit Unternehmen mit den passenden Kandidat*innen zusammen. Das spart auf beiden Seiten Nerven, Geld und eine Menge Zeit.

Networking leicht gemacht: Diese 10 Tipps helfen

Networking besteht heute nicht mehr nur aus dem Verteilen der Visitenkarte. Wer effektiv und nachhaltig von den eigenen Kontakten profitieren möchte, sollte sich zunächst ein paar Gedanken dazu machen, welche Ziele damit verfolgt werden und wie sich diese erreichen lassen. Sollen Beziehungen zu Unternehmen ausgebaut werden, wird der Austausch mit anderen freiberuflich Arbeitenden gesucht oder wird Unterstützung bei der Buchhaltung benötigt? Wer einen guten Überblick über die persönlichen Anforderungen hat, kann das Projekt Networking zielführend angehen.

1. Ziele formulieren und die Maßnahmen festlegen

Ziele sind leichter zu erreichen, wenn sie zuvor festgelegt werden. So kann geschaut werden, welche Maßnahmen zur Erreichung nötig sind. Mit den richtigen Fragen sind die Antworten schnell zur Hand:

- Was möchten Sie erreichen?
- Wie sehen Ihre Wunschprojekte aus?
- Welche Steps sind dafür nötig?
- In welchem Bereich sind Sie spezialisiert und was ist noch ausbaufähig?
- Was sind die eigenen Besonderheiten und USPs (Skills)?
- Welche Unternehmen sollen mit der Akquise angesprochen werden?

2. Networking-Events besuchen und Kontakte knüpfen

Events sind eine gute Gelegenheit, um mit anderen ins Gespräch zu kommen und sich über berufliche Themen auszutauschen. Hier kommen Unternehmen und somit potenzielle Auftraggeber und freiberufliche Mitarbeitende in lockerer Atmosphäre zusammen. Dennoch gilt: Es handelt sich um ein Arbeitstreffen, entsprechend sollte auch das Auftreten sein. Im Smalltalk können erste Informationen ausgetauscht werden und es kann ein erster Eindruck bei den

Unternehmen hinterlassen werden, aus dem später vielleicht eine Zusammenarbeit entsteht.

Zeit sparen mit vorheriger Recherche. Bei solchen "Get-togethers" sollte das Ziel nicht aus den Augen gelassen werden: Informieren Sie sich vorher, welche Unternehmen Sie ansprechen möchten und suchen bereits im Vorfeld einige Fakten über potenzielle Arbeitgeber heraus. Damit können Sie zeigen, dass Sie sich mit dem Unternehmen beschäftigt haben und betonen Ihr Interesse. Aufgrund der Corona-Pandemie finden viele Events zur Zeit online statt, die Termine werden meist nach Bundesland sortiert und können im Netz abgerufen werden. Plattformen wie Eventbrite und MeetUp stellen regelmäßig Networking-Termine in unterschiedlichen Städten vor und ermöglichen auch den Zugang zu lokalen Gruppen und Veranstaltungen.

3. Netzwerk erweitern durch Fortbildung

Fortbildungen sind eine tolle Möglichkeit für neuen Input und zur Erweiterung der Fähigkeiten. Außerdem bieten sie die Möglichkeit, in einem zeitlich begrenzten Rahmen viele neue Kontakte zu knüpfen und somit das eigene Netzwerk zu erweitern. Der persönliche Austausch hilft vielen Freelancer*innen, sich über Konditionen und Herangehensweisen zu informieren und so die eigenen Bedingungen zu reflektieren und auf den neuesten Stand zu bringen.

4. Das Potenzial von sozialen Netzwerken richtig nutzen

Berufliche Netzwerke wieLinkedIn oderXING sind gute Plattformen, um einerseits bestehende Kontakte zu pflegen und andererseits neue Kontakte zu knüpfen: Hier tummeln sich viele Fach- und Führungskräfte und auch Recruiter*innen sind hier regelmäßig unterwegs und halten Ausschau nach den passenden Kandidat*innen. Die Plattformen sind ein guter Weg um auf sich aufmerksam zu machen und Projekte zu akquirieren.

Der erste Eindruck zählt. Deshalb sollten Profilseiten mit einem guten Foto, einer Übersicht der Leistungen und Kontaktmöglichkeiten versehen sein. Über Textfelder und Slogans können erste Informationen über sich geteilt werden, oder aktiv darauf hingewiesen werden, dass man auf der Suche nach Projekten ist. So zeigen Sie Recruitern auf einen Blick, dass Sie angesprochen werden möchten.

5. Beziehungen pflegen und präsent sein

Ein großes Netzwerk zu haben bedeutet wie beim Freundeskreis auch, von sich hören und sehen zu lassen und Zeit in die Beziehungen zu investieren. Antworten Sie zeitnah auf Nachrichten, seien Sie in beruflichen Netzwerken aktiv, kommentieren Sie Beiträge von anderen Freiberuflichen und zeigen Sie so, dass Sie auf dem Laufenden sind und über die neuesten Trends und Entwicklungen in der Branche Bescheid wissen. Nehmen Sie an Terminen und Treffen teil und tragen zum Austausch bei. Dadurch ist es möglich, eine bessere und intensivere Beziehung aufzubauen und in Erinnerung zu bleiben.

6. Qualität vor Quantität

Netzwerkpflege kann mitunter zeitraubend sein. Deshalb kann es nützlich sein darauf zu achten, wem man seine Aufmerksamkeit schenkt. Es bringt nichts, viele oberflächliche Kontakte zu haben, hier kommt es auf die Qualität der Beziehung an. Je stärker die Bindung ist, desto eher wird bei der Projektakquise an diese Person gedacht, sporadische Kontakte nützen da eher wenig. Deshalb heißt es wie bei so vielen Dingen: Weniger ist mehr. Setzen Sie lieber auf weniger, dafür auf hochwertigere Kontakte.

7. Strategisch agieren

Gehen Sie mit einem konkreten Plan an den Auf- und Ausbau Ihres Netzwerkes heran. Nach einer festgelegten Strategie vorzugehen zahlt sich beim Networking definitiv aus. Dazu ist es wichtig, dass Sie sich im Vorfeld über die Ziele klarwerden, die Sie mit dem Netzwerken verfolgen. Machen Sie sich Gedanken, welche Kontakte wertvoll für Sie sind und wie Sie diese erreichen können. Zudem sollten Sie sich vor Augen führen, welche wichtigen Kontakte Sie bereits aufgebaut haben und was genau Sie durch den Aufbau Ihres Netzwerkes erreichen wollen.

8. Die richtigen Plattformen (on- und offline) aussuchen

Es gibt keine "Einheitslösung", wenn es um Networking geht. Unterschiedliche Menschen sind mit unterschiedlichen Networking-Taktiken erfolgreich. Der Schlüssel ist, dass Sie verschiedene Networking-Strategien ausprobieren, um herauszufinden, was am besten zu Ihnen passt. Angesichts der wachsenden Anzahl von Networking-Möglichkeiten, ist es wichtig, dass Sie sich ausreichend

Zeit nehmen, um Ihre Optionen zu erkunden, bevor Sie sich auf eine bestimmte Networking-Gruppe festlegen. Es ist zu Beginn verlockend, so vielen Netzwerken wie möglich beizutreten, scheitert jedoch oft an der Effizienz. Die bessere Strategie ist es, dass Sie Ihre Zeit und Ihre Bemühungen auf die Gruppen fokussieren, die am besten zu Ihren Bedürfnissen und Interessen passen. Welche Social-Media-Plattformen sich hierzu anbieten, finden Sie hier.

9. Die richtigen Kontakte pflegen

Setzen Sie Ihren Fokus vor allem drauf, langfristige Beziehungen zu entwickeln. Sobald Sie einer Networking-Gruppe beigetreten sind, ist es wichtig, dass Sie ein beitragendes Mitglied werden. Es ist ratsam, sich auf wenige, aber dafür hochwertige Netzwerkkontakte, zu konzentrieren. Anstatt die Vereinigung einfach nur zu nutzen, um Ihre eigenen Ziele voranzutreiben, sollten Sie den anderen Mitgliedern der Gruppe wertschätzend gegenübertreten. Führen Sie sich stets vor Augen, dass Networking nicht unbedingt ein einfacher und schneller Ansatz ist, um eine dauerhafte Beziehung aufzubauen. Aber wenn Sie es zu einem wechselseitigen Prozess des Gebens und Nehmens fungieren, kann es für Sie die Tür für eine festere Beziehung öffnen. Der Spruch "Qualität vor Quantität" ist besonders bei zwischenmenschlichen Beziehungen enorm wichtig!

10. Hilfreich für andere sein

Erfolgreiches Networking beruht nicht auf Einseitigkeit. Beim Networking geht es vor allem auch darum, anderen Hilfe anzubieten, wenn sie sich an Sie wenden. Je mehr Sie geben, desto stärker ist die Qualität Ihres Netzwerks. Genau wie das Zeigen von Wertschätzung ist das Anbieten von Hilfe eine Strategie, die Ihnen einen positiven Ruf einbringt, weil Sie sich auf andere Menschen konzentrieren und nicht auf sich selbst. Alles, was Sie tun müssen, ist, Ihr Wissen und/oder Ihre Zeit anzubieten – ein kleiner Preis, um eine neue Beziehung zu gewinnen.

Ein gutes Netzwerk gehört also dazu, wenn man freiberuflich arbeitet. Viele Aufträge werden über Empfehlungen und gute Erfahrungen vermittelt, deshalb ist die Pflege von Geschäftsbeziehungen so wichtig. Mit einer durchdachten Strategie, klar definierten Zielen und der Unterstützung einer

Kapitel 8

Werde ein erfolgreicher Freelancer

8 gute Tipps um ein erfolgreicher Freelancer zu werden

Als Freiberufler für sich selbst zu arbeiten, kann sich sehr lohnen! Aber es gibt einige häufige Fallen, die auf dem Weg dorthin auftauchen können. Um einen optimalen Start in Ihre Freelancer-Karriere zu erhalten, sollten Sie diese 8 Tipps befolgen.

Schaffen Sie eine organisierte Arbeitsumgebung

Eines der wichtigsten Dinge, die Sie tun können, wenn Sie ein erfolgreicher Freiberufler werden wollen, ist die Einrichtung einer engagierten Arbeitsumgebung. Das bedeutet leider nicht, dass Sie von Ihrem Küchentisch aus arbeiten können.

Stattdessen sollten Sie in einem separaten Raum einen Arbeitsplatz mit einem richtigen Schreibtisch und einem bequemen Bürostuhl schaffen. Wenn Sie von einem Laptop aus arbeiten, sollten Sie in Erwägung ziehen, in einen Computerbildschirm, eine Tastatur und eine Maus zu investieren.

Sie müssen sich nicht nur so bequem wie möglich fühlen, sondern sich auch in einer Umgebung befinden, die es Ihnen erlaubt, sich ohne unnötige Ablenkung auf Ihre freiberuflichen Projekte zu konzentrieren.

Welche anderen Hilfsmittel benötigen Sie?

Welche anderen Werkzeuge oder Ausrüstungsgegenstände benötigen Sie? Wenn Sie Fotos oder Videos bearbeiten, benötigen Sie möglicherweise einen leistungsfähigeren Computer. In diesem Fall ist ein Laptop möglicherweise nicht ideal. Brauchen Sie einen Drucker und Scanner, um Gegenstände auszudrucken oder Briefe zu scannen?

Und wie sieht es mit Software aus? Vergewissern Sie sich, dass Sie sich gut informiert haben, bevor Sie Geld für teure Software ausgeben, die Sie vielleicht nicht brauchen. Oft gibt es kostenlose Alternativen, die vielleicht begrenzter sind, aber es Ihnen ermöglichen, Ihre freiberufliche Arbeit zu erledigen, ohne einen hohen Preis zu zahlen.

Von Anfang an professionell aussehen

Von Beginn Ihrer freiberuflichen Karriere an müssen Sie wie ein Profi aussehen. Das bedeutet, dass Sie eine professionell aussehende Website haben, auf der potenzielle Kunden Ihr Portfolio ansehen und mit Ihnen Kontakt aufnehmen können. Und Sie brauchen ein Logo für Ihre Visitenkarten, Ihre Website, Ihre sozialen Netzwerke, Ihre E-Mail-Signatur und vieles mehr.

Eine professionell aussehende Website und ein professionelles Logo helfen Ihnen, das Vertrauen Ihrer Kunden zu gewinnen, und lassen Sie glaubwürdig und maßgebend erscheinen.

Sie müssen nicht viel Geld ausgeben, um ein Logo mit einem KI-Logo-Generator zu erstellen, was eine ausgezeichnete Option ist, wenn Sie gerade erst Ihr freiberufliches Geschäft beginnen.

Setzen Sie bei Ihren Kunden realistische Erwartungen

Wenn Sie zum ersten Mal Projekte annehmen, kann es schwierig sein, abzuschätzen, wie viel Zeit und Energie Sie für jedes Projekt aufwenden müssen. Das ist etwas, das mit der Zeit immer besser wird. Und es kann für Sie verlockend sein, den geforderten Betrag oder die Frist zu senken, um den Kunden zufrieden zu stellen.

Aber das ist keine gute Geschäftspraxis. Stattdessen wäre es am besten, wenn Sie mit Ihren Kosten und Ihrem Zeitrahmen realistisch wären. Andernfalls werden Sie nicht genug bezahlt und Sie müssen sich beeilen, die Arbeit rechtzeitig abzuschließen.

Erweitern Sie Ihr Netzwerk

Wenn Sie sich bei der Suche nach Kunden nur auf ein Netzwerk verlassen, wundern Sie sich nicht, wenn es keine Früchte mehr trägt. Mit anderen Worten, seien Sie bereit, wenn mit Ihrem aktuellen Netzwerk keine neuen Projekte zur Verfügung stehen.

Es ist völlig akzeptabel, Unternehmen per Kaltakquise anzurufen oder ihnen eine E-Mail zu schicken, in der Sie Ihren Service anbieten. Wenn es in Ihrer Nische eine Konferenz gibt, die nicht allzu weit entfernt ist, kann es sich lohnen, hinüberzugehen, um Leute zu treffen und zu begrüßen und Ihre Visitenkarten zu verteilen (solange Sie ein professionell aussehendes Logo haben).

Schalten Sie Ihre Benachrichtigungen aus und stellen Sie Ihr Telefon lautlos

Gehen Sie nicht in die Falle, dass Sie bei jedem Piepton auf Ihr Telefon schauen oder jedes Mal, wenn eine neue E-Mail eintrifft, in Ihren Posteingang gehen. Wenn Sie so weitermachen, werden Sie sich nie mehr auf Ihre Arbeit konzentrieren können.

Schalten Sie stattdessen Ihr Telefon komplett stumm und schalten Sie alle Benachrichtigungen auf Ihrem Laptop oder Computer aus. Nur wenn Sie sie vollständig ausschalten, können Sie sich voll und ganz auf Ihre aktuelle Aufgabe konzentrieren.

Sie können auch noch einen Schritt weiter gehen und Ihre Familie und Freunde wissen lassen, dass Sie, nur weil Sie jetzt ein Freiberufler sind, trotzdem nicht unterbrochen werden sollten, wenn Sie arbeiten, so als wären Sie im Büro.

Sichern Sie alles in der Cloud

Bevor die Cloud erfunden wurde, wurde jede Information, die Sie benötigten, auf einem physischen Gerät gespeichert. Leider können diese Geräte kaputtgehen, sei es durch eine Fehlfunktion oder durch verschüttetes Wasser.

Es ist wichtig, dass Sie jedes einzelne Stück Arbeit, Projekt, Daten usw. in der Cloud speichern. Man weiß nie, wann das Undenkbare geschieht, und man möchte nicht seine gesamte Arbeit verlieren, weil man sie nicht gesichert hat. Es gibt viele kostenlose Cloud-Dienste, wie z.B. Google Drive oder Apples Cloud-Storage. Und wenn Sie mehr Speicherplatz benötigen, können Sie einen kleinen monatlichen Betrag ausgeben, um Ihr Cloud-Storage-Limit zu erhöhen.

Legen Sie Ihre eigenen Arbeitszeiten fest

Wenn Sie von zu Hause aus zu arbeiten, werden Sie eine neue Art von Freiheit erleben, da Sie Ihre Arbeit beginnen und beenden können, wann Sie wollen. Das bedeutet, dass Sie sogar mitten am Tag Dinge wie Bügeln oder Fernsehen tun können. Aber Sie müssen sich an einen Arbeitsplan halten, um produktiv zu bleiben.

Das bedeutet, dass Sie Stunden festlegen müssen, zu denen Sie sich hinsetzen und arbeiten müssen. Sie können Pausen dazwischen einplanen, z.B. für Besorgungen oder Training im Fitnessstudio. Aber legen Sie Ihre Arbeitszeiten im Voraus fest und halten Sie sich unbedingt daran.

Fazit

Als Freiberufler gibt es viel Konkurrenz, aber lassen Sie sich nicht dazu verleiten, Ihre Preise zu senken oder verrückte Fristen zu setzen. Kennen Sie Ihren Wert und schaffen Sie ein großes, positives Netzwerk von Kunden, die gerne mit Ihnen zusammenarbeiten.

Und um neue Kunden zu gewinnen, scheuen Sie sich nicht, um positive Empfehlungen oder Zeugnisse zu bitten, die Sie auf Ihrer Website veröffentlichen können.

Letztendlich sind Sie Ihr eigener Chef, und Sie müssen sich selbst und Ihre Kunden verwalten, um ein erfolgreicher Freiberufler zu werden.

Bonuskapitel

Full Time Freelance Entrepreneur Resources Bücher Webseiten Videos Artikel

Als Vollzeit-Freiberufler suchen Sie immer nach Ressourcen, die Ihnen helfen können, erfolgreicher zu sein. Bücher, Webseiten, Videos und Artikel sind alle großen Ressourcen, die Ihnen helfen können, neue Dinge zu lernen, neue Ideen zu bekommen und Ihr Geschäft zu verbessern.

Hier sind einige große Ressourcen für Vollzeit-Freiberufler:

Bücher:

Es gibt viele tolle Bücher da draußen, die Ihnen helfen können, ein besserer freiberuflicher Unternehmer zu sein.

Der Lean Startup: Wie Heute Unternehmer nutzen kontinuierliche Innovation, um Radisch erfolgreiche Unternehmen von Eric Ries zu schaffen

The Millionaire Fastlane: Crack the Code to Wealth and Live Rich for a Lifetime von MJ DeMarco

Der E-Myth revisited: Warum die meisten kleinen Unternehmen nicht arbeiten und was über ihn von Michael E. Gerber zu tun

Die Kunst der Möglichkeit: Transforming Professional and Personal Life von Rosamund Zander und Benjamin Zander

Webseiten:

Es gibt auch viele tolle Websites, die Ihnen helfen können, ein besserer freiberuflicher Unternehmer zu sein.

Freelancers Union: Diese Website ist voll von großen Ressourcen für Freelancer, einschließlich Artikeln, Foren und einem Job-Board.

Aufbau: Diese Website ist ein großartiger Ort, um freie Arbeit zu finden.

Fiverr: Diese Website ist ein großartiger Ort, um Gigs für Dienstleistungen zu finden, die Sie anbieten können.

Videos:

Es gibt auch viele tolle Videos da draußen, die Ihnen helfen können, ein besserer freiberuflicher Unternehmer zu sein.

TED Reden: Es gibt viele TED Talks, die Sie als Unternehmer begeistern und motivieren können.

Stanford eCorner Videos: Diese Website hat viele tolle Videos von Silicon Valley Unternehmer.

Ressourcen

Halten Sie diese Seiten immer griffbereit, wenn Sie Ihr freischaffendes Abenteuer beginnen!

• So finden Sie Kunden: Leitfaden für Freelancer zum Ausbau Ihres Unternehmens. Ein ausgezeichneter Artikel von Noah Kagan – ein Self-Made-Millionär und ein gelassener Typ. Sehr hilfreich, wenn Sie gerade anfangen, freiberuflich zu arbeiten. Schauen Sie sich seinen Blog zu einfachen Marketing-Techniken, Freelancing und fabelhaften Tipps zur Produktivität an.

• https://www.mockupworld.co Eine unverzichtbare Seite, wenn Sie mit Photoshop arbeiten – sie enthält unzählige PSD-Vorlagen und Tipps zu einfachen notwendigen Design-Änderungen.

• https://www.canva.com/. Diese zwei Zitate fassen es zusammen: „Das benutzerfreundlichste Designprogramm der Welt", „Canva ermöglicht jedem, ein Designer zu werden." Sehr nützlich für einfache Fotobearbeitungen, Collagen, Poster, Grüße und vieles mehr.

• https://creativeclass.io/. Der digitale „Mentor" des Freelancers deckt Preisgestaltung ab, sorgt für Projekte, Zahlungen, verwaltet Revisionen usw.

• https://www.youtube.com/user/PhlearnLLC. Falls Sie mit Photoshop beginnen oder besser werden müssen, ist dies der Youtube-Kanal das Richtige für Sie.

- Ramit Sethi website. Erstaunlich clevere Gedanken zur Psychologie, unkonventionelle Tricks im Umgang mit Geld, wie man eine Gehaltserhöhung bekommt, wie man sich als Unternehmen oder als Angestellter vermarktet.

- lynda.com. Diese Plattform wurde von Linkedin entwickelt und bietet Tausende von Online-Kursen. Nutzen Sie die kostenlose 30-Tage-Testversion, um eine neue Fähigkeit zu erlernen.

- https://www.freelancer.com/exam/exams/. Nehmen Sie an Tests teil, um Ihre Anmeldeinformationen zu definieren und mehr Aufträge zu erhalten.

Impressum

Autor: Nico Bökenkröger Onlinehandel

Verlag: Eigen

Erscheinungsdatum: 13.03.2023

E-Mail: nb@itnb.io

Steuernummer: 2365/105/17136| Ust. ID: DE312474809

www.ingramcontent.com/pod-product-compliance
Lightning Source LLC
Chambersburg PA
CBHW040233220526
45473CB00001B/223